JN046379

[第3版]

笑って子育て

― 物語でみる発達心理学 ―

福田佳織 編著

北樹出版

まえがき

　「2歳児ってあんなに歩くんですね。」「3歳児ってあんなにしゃべるんですね。」保育所等で子どもたちとかかわった学生が目を輝かせて報告してくれます。そのような感動を語ってくれるのはとても嬉しいことです。しかし，彼・彼女たちは子どもの発達特性について，それまでさんざん学んできているはずなのです。"講義でしっかり伝えたはずなのに……"。どうやら，講義で得た知識は，実際の子どもの姿と結びついていなかったようです。

　これは，近年の少子化に伴い，若者の多くが子どもと接した経験をほとんどもっていないということが背景にあると考えられます。頭ではわかっていても，実際の子どもがどのようなものなのかイメージできていないため，講義だけではその知識を昇華できないのです。

　"この状況を何とかしなければ……"と常々考えていた矢先，本書執筆の機会をいただきました。そこで，本書は，一人の主人公（一真）の乳児期から青年期の発達を中心とした日常生活のエピソードと，その中で見られる子どもの行動や言動に対する発達心理学からの解説を対応させて記載し，実際の子どもの姿をイメージしながら発達心理学を学べるように構成しました。また，各エピソードはフィクションですが，日常的に起こりうる内容とし，登場人物も親しみやすいキャラクターとして設定して，読みやすさに配慮しました。

　さらに，学校等で対応の問題が指摘されている発達障害や思春期に発症しやすい精神的な障害，さらには，社会問題となっている児童虐待についても具体的な物語と解説を掲載しました。ここではそれぞれの障害や現象がどのようなものなのか理解してもらうことを中心に周囲の対応のあり方にも言及しています。

　本書執筆の意図がもう一つあります。それは，日々，お子さんと接するお父さんお母さんに子どもの発達の面白さをより知ってほしいというものです。

　私はこれまで数多くのお父さんお母さんに出会い，子育てについてお話をさせてもらったり，お子さんとかかわっている様子を拝見させてもらいました。みなさん，子育てに対して大変奮闘し，口々に「大変だけど楽しい」とおっ

しゃっていました。しかしながら，子どもの成長とともに，その行動や言動，親としてのかかわり方に不安を語る方も少なくありませんでした。子どもに真剣にかかわっているからこその不安です。ただ，発達心理学から子どものその行動や言動を解釈できれば，不安や心配が発達の面白さに変わるかもしれません。お父さんお母さんが，本書のタイトルでもある『笑って子育て』するために，少しでもお役に立てれば嬉しいかぎりです。

なお，本書の執筆には発達心理学を専門とする私のほかに，臨床心理学，幼児教育学・保育学の専門家にもかかわってもらっていました。本書をより充実した内容にするためです。お二方には，難しい要望にも快く応えていただきました。ここに御礼申し上げます。

そして，本書の企画から出版の全行程に渡って，北樹出版の福田千晶さんには大変お世話になりました。細かい要請にご対応いただいたり，細部にわたってご助言いただきました。心より感謝いたします。

現在，そして，将来，子どもたちとかかわる皆様に，本書が少しでも役立てば幸いです。

2012年4月　　　　　　　　　　　　　　　　編者　福田佳織

【第3版にあたって】

前回の改訂から3年が経過しました。この短期間で，世界の様相は様変わりしました。COVID-19の流行です。それは，子育てにおいても大きな影響を及ぼしています。近頃はいくぶん緩和されつつあるものの，感染防止の観点から，親同士・子ども同士のコミュニケーションは希薄化し，息苦しい子育て生活を余儀なくされる家庭も多くみられます。家庭内の問題も大きくなり，家族支援の重要性も増しています。そのような中，家庭支援者研修で本書を使用していただく等，本書が役立っていることを知りました。

第3版では，これまでの理論的な解説は残しつつ，年々変化するデータは差し替えました。お父さん，お母さん，学生さんのみならず，家族支援の方々にも幅広くご使用していただければ幸いです。今回の改訂にあたり，北樹出版の福田千晶さんには，大変お世話になりました。ここに御礼申し上げます。

2023年1月　　　　　　　　　　　　　　　　編者　福田佳織

ontents

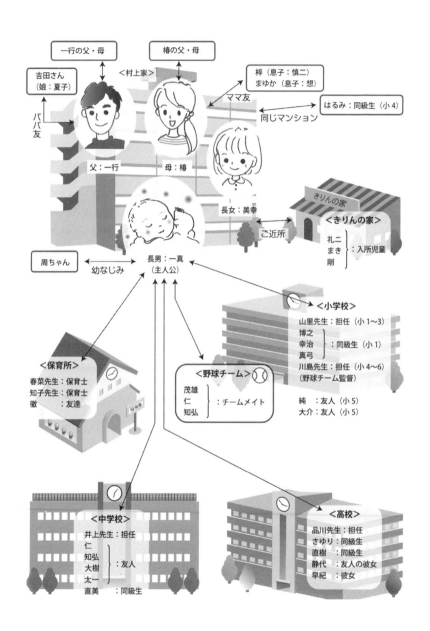

一行の父・母

椿の父・母

吉田さん
（娘：夏子）

＜村上家＞

梓（息子：慎二）
まゆか（息子：想）

ママ友

はるみ：同級生（小4）

同じマンション

パパ友

父：一行

母：椿

長女：美幸

きりんの家

＜きりんの家＞

礼二
まき
剛
：入所児童

ご近所

周ちゃん

長男：一真
（主人公）

幼なじみ

＜小学校＞

山里先生：担任（小1～3）
博之
幸治　：同級生（小1）
真弓
川島先生：担任（小4～6）
（野球チーム監督）

＜保育所＞

春菜先生：保育士
知子先生：保育士
徹　：友達

＜野球チーム＞

茂雄
仁　：チームメイト
知弘

純　：友人（小5）
大介：友人（小5）

＜中学校＞

井上先生：担任
仁
知弘
大樹　：友人
太一
直美　：同級生

＜高校＞

品川先生：担任
さゆり：同級生
直樹　：同級生
静代　：友人の彼女
早紀　：彼女

[第3版]

笑って子育て

～物語でみる発達心理学～

Episode
一真が生まれたよ！

●● まぁるい赤ちゃん（一真／乳児期）●●

　「パパ、この子さぁ、赤ちゃん？」はじめて弟と対面した3歳年上の姉・美幸が父・一行に尋ねました。「そうだよ。美幸の弟だよ。美幸も今日からお姉ちゃんだな。」一行は美幸の頭をなでました。美幸はしばらくじーっと赤ちゃんの顔を見ています。「現実を必死に受け止めてるのかな？」母・椿は一行に小声で言います。「いくら椿のお腹が大きくなっていくのを見ていても、中からコレ（赤ちゃん）が出てくるとは思えないもんな。」一行と椿は微笑みながら美幸を眺めていました。すると、「おさるなの？」美幸は一行に尋ねました。「え？」一行も椿も美幸が何を言っているのか理解できません。「パパ、この子さぁ、おさるの赤ちゃんなの？」美幸は真剣な表情で一行に尋ねます。赤ちゃんの目は黒目がちで、目の位置が大人よりも下の方に位置していたので、美幸には赤ちゃんざるのように見えたのです。「ちょっと似てるかな。けど、ママは人間の赤ちゃんを産んだはずだよ。」椿は苦笑いして言いました。「ママ、この子さぁ、まぁるいね。」美幸はとにかく赤ちゃんの特徴をうまくとらえて一行と椿に伝えます。「丸い？そうね、お顔はまぁるいね。」赤ちゃんの頬はふっくらしています。それに、顔だけでなく体もむちむちしていて丸っこいのです。「美幸、この赤ちゃん、一真って名前になるんだよ。ほら、美幸が選んでくれたでしょ？」一行が言います。一行と椿は画数などを考慮していくつかの名前の候補をあげ、最終的に美幸が選んだのです。「僕、一真だよ〜。よろしくね、お姉ちゃん。」椿が声色を変えて美幸に言いました。「私がいろいろ教えてあげるわよ。」と美幸もお姉さんっぽく一真に言います。「どう？　かわいい？」一行が美幸に尋ねると、美幸はハニカミながら「……かわいい。」と答えました。

　1月17日、とても愛らしく、家族をひきつける一真が、身長52cm、体重3310g で誕生しました。

解説　ベビーシェマ

　生まれたばかりの乳児は身体的に未熟な状態であるため他者に能動的に接近・接触することができず，養育者の方から接近・接触が試みられなければ養育者との関係性の形成はもちろんのこと，生存することさえできない。こうした弱点を補うため，乳児の容貌は生得的にヒトをひきつけるようにできている。乳児に特有な相対的に大きな頭，広くてアーチ型をした額，顔の中央よりやや下方に位置する大きな目，ふっくら膨らんだ頬，太く短い手足，しなやかで弾力のある肌，丸みを帯びた体型，ぎこちない動きなどは，ヒトに「かわいらしい」という感情を喚起させ，乳児に対する養育行動を生起させる。ヒトにこうした反応を生起させる仕組みをベビーシェマ（幼児図式）と呼ぶ。このようなメカニズムについて，ローレンツ（Lorenz, 1965／1989）は生得的解発機構（IRM：innate releasing mechanism）が働いているとした。生得的解発機構とは，動物に生得的に備わっている特定の信号刺激（sign stimulus）に対して特定の反応を示す生理学的なシステムを指す。

　なお，こうしたベビーシェマはヒトに限らず，ウサギ，犬，ネズミ，鳥などにも備わった特徴である。さらに，数々の有名なキャラクターにも，このベビーシェマが使用されている。

　Hildebrandt & Fitzgerald（1979）によれば，このベビーシェマによるかわいらしさは，1歳より少し前にピークに達することが示されている。同様に，根ヶ山（1997）も，大学生や母親は，生後 9 -11ヵ月の乳児を最もかわいいと感じるとしている。

図 1 - 1　ベビーシェマ（Lorenz, 1965/1989）

●● 一真の握手会（一真／乳児期）●●

　翌日も，一行と美幸は椿の入院している病院に行きました。美幸は，一行に抱かれた一真の手を恐るおそる触ってみました。すると一真は美幸の人差し指をぎゅっと握ります。びっくりした美幸が，さっと手を引っ込めると，一行が「一真はお姉ちゃんのことが好きだから，美幸の指を握ったのかもね。」と言いました。もう一度，美幸は一真の手を触ると，また一真が美幸の指を握ります。美幸はしばらく握られたままにして，一真を見つめていました。はじめは緊張気味だった美幸も，少しうれしそうな表情になりました。

　しばらくすると，一行，椿の両親がそれぞれやってきました。「あら，かわいいこと。ママ似かね〜。いや〜，お手手もこんなにちっちゃくて〜。」そう言って，一行の母が一真の手に触れると，"むぎゅ"っと一真は祖母の親指も握りました。"ん？"といった表情で美幸がその様子を見つめます。椿は慌てて「一真はおばあちゃんのことも好きなんだね。」と美幸に言いました。「美幸とさぁ，ばあちゃん，どっちが好き？」美幸が椿に尋ねるや否や，順番を待ちきれない椿の父が「一真〜，じいちゃんも握手だ〜。」そう言って一真の手に触れると，やはり祖父の指も"むぎゅ"っと握ります。「おお，一真がじいちゃんの指握ったぞ！」盛り上がる祖父母たち。怪訝（けげん）そうな表情を浮かべる美幸。美幸を取りつくろおうとする一行と椿。こうして，時は過ぎていきました。

指を
にぎったどぉ〜！！

原 始 反 射

　新生児の認知機能や運動機能は未熟であるため，意図的，自発的に身体を動かすことは困難である。したがって，新生児の行動の大半は原始反射（一部を表1-1に掲載）によるものである。原始反射は生得的に備わった反射であり，中枢神経系の発達に伴い消失する。ほとんどの原始反射は誕生直後から表出し，おおむね4，5ヵ月頃消失するが，種類によって多少異なる（表1-1）。また，個人差もみられる。しかしながら，これらの反射が新生児期に消失したり，逆に，下記の時期を越えて長期的に継続する場合は，神経系に何らかの異常や障害が存在する可能性も考えられる。

　一真が示した反応は，「ダーウィン反射」であったと考えられる。周囲の人たちが一真の手のひらに指を押し当てた（触れた）ために，それが刺激となって，一真は自動的に指を屈曲させたのである。

表1-1　原始反射の特徴と表出時期

種　類	特　徴	時　期
ダーウィン反射 （手掌把握反射）	手の掌を圧迫すると指が屈曲する（握る）。	～生後4ヵ月頃
バビンスキー反射	足裏の外縁を踵からつま先に向かってこすると，親指が上に反り，残りの4本指が開く。	～生後18ヵ月頃
足底把握反射	足底を圧迫すると指が屈曲する。	～生後11ヵ月頃
ルーティング反射 （口唇探索反射）	頬に触れるとそちらに口を向ける。	～生後3ヵ月頃
吸啜反射	唇に触れると乳を吸う動作をする。	～生後4ヵ月頃
嚥下反射	口の中に液体が入ると飲み込む。	～生後5ヵ月頃
モロー反射	①仰向けに寝かせ，背中と後頭部を手で支えておよそ30度起き上がらせてから，頭を手にのせて急に落下させると，腕を伸展させて広げた後，ゆっくりかかえ込むような動作をする。 ②突然大きな音を聞かせると，①と同じ動作をする。	～生後4ヵ月頃
非対称性緊張性頸反射	仰向けに寝かせた新生児の顔を左右いずれかに回すと顔の向いてる側の腕・足が伸展して，反対側の腕・足が屈曲する（フェンシングのような体勢）。	～生後5ヵ月頃
匍匐反射	腹這いにするとハイハイするような動作をする。	～生後1ヵ月頃
自動歩行反射 （足踏み反射）	腋下をおさえて起立させ，足を床につけて前傾させると，歩行するような動作をする。	～生後1ヵ月頃

●● 見えるよ，聞こえるよ（一真／乳児期）●●

　数日が経ち，一真は椿とともに退院して自宅に帰ってきました。一行と美幸，一真を抱いた椿を，椿の母が出迎えました。入院中，美幸の面倒をみたり，椿の体調が戻るまで一真の面倒をみるために，しばらくここに滞在することになっていたのです。「おかえり〜。」そう言って，祖母はニコニコしながら一真を受け取りました。「あら，一真がばあちゃんの顔じっと見てるよ。こんなちっちゃいのに，目が見えるのかね？」一真はつぶらな瞳で抱かれながら祖母を見つめます。「あのね，一真ね，お目目見えるんだよ。だってさぁ，美幸のことも見るもん！」美幸は，得意気に祖母に伝えました。

　さらに，美幸は「ばあちゃん，一真ね，お耳も聞こえるんだよ！　見てて！」とはりきり，一真を抱いている祖母の腕をグイっと自分の顔の前に引き寄せました。そして，何をするのかと思ったら，一真の耳元で「わっ!!」と大声を出しました。一真は美幸の大声にビクっ。とたんに「ギャー」っと大声で泣き出しました。「美幸!!　何やってるの!!　耳の近くで大声出しちゃだめでしょ!!」椿は美幸を強く叱りました。突然大きな声で怒られた美幸は驚いて「一真のお耳が〜，聞こえるから〜，う，う，う，うぇ〜ん。一真が〜，うぇ〜ん」と泣き出しました。泣きながらも一真の耳が聞こえることを必死にアピール。見かねた祖母が「美幸は，一真の耳が聞こえるところを見せたかったんだよね。でも，美幸もお耳の近くで大きな声出されたら驚いちゃうでしょ？　一真も同じ。もうやっちゃだめだよ。」と声をかけました。

　帰って早々，そろって号泣からスタートする仲良し姉弟なのでした。

解説 新生児の視力・聴力

　生まれた直後の新生児であっても，外界を見ることができる。ただし，その見え方は大人のそれとは異なっており，ピント調節ができず，視力もかなり悪い。新生児のピントはおよそ20〜30cm に固定されている（とはいえ，その距離でも鮮明に見えるわけではない）。この距離は，ちょうど新生児とその新生児を抱く人の顔の距離であり，新生児が養育者の顔をより早く覚えるために適度な距離といえる。視力は，表1-2に示したとおり，3歳頃に成人の視力に近づく。それまでは視力が悪いこともあり，淡い色よりも鮮明な色が，またコントラストが明瞭なものが見えやすい。

　一方，新生児は聴覚が発達しており，人の声に対する選好性を示す。とくに母親の声に対してより反応する。正高（1993）は，生後5日の新生児に自分の母親と母親以外の女性（A，B，C，D）によって朗読された物語を聴かせ，母親の声を認識できるか実験した。新奇な刺激を認識するとおしゃぶりを吸う頻度が増し，慣れると減るという乳児の特性を用いて検証した結果，AからB，C，Dに朗読者が交替しても吸う頻度は減る一方であったが，Aから母親に交替した時のみ頻度が急増した（図1-2）。つまり，母親の声を別の女性と区別できたと考えられる。これは，胎児が20週目の時点で内耳が完全に発達し（Elliot & Elliot, 1964），誕生までの残り20週の間，胎内で母親の声を聞いて過ごしていたためと考えられる（Johanson, et al., 1964）。

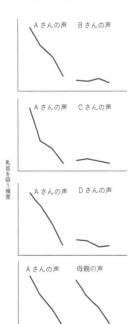

図1-2　朗読者の交替とおしゃ
　　　ぶりを吸う頻度の関係
　　　（正高，1993より作成）

表1-2　乳幼児の視力

月齢（年齢）	視力
誕生〜生後2ヵ月	0.02程度
〜5，6ヵ月	0.04〜0.07程度
〜1歳	0.08〜0.15程度
〜1歳半	0.2程度
〜2歳	0.17〜0.36程度
〜2歳半	0.5程度
〜3歳	1.0程度

⬤⬤ 一真よ，すくすく育て（一真／乳児期）⬤⬤

　病院から戻り，みんなが自宅でくつろいでいると，一行が「さっき計測した一真の体重って，3310gだったよね。それって生まれた時と同じじゃん。普通，どんどん大きくなるもんじゃないの？　赤ちゃんって。」と心配そうに言います。すると，祖母は「そんな，何日間か体重増えなくたって死にゃあしないって。一真は他の赤ちゃんよりちょっと大きく生まれてきたんだから。大丈夫，大丈夫。」とあっけらかんと答えました。「そんなもんですかねぇ。」一行はまだ心配そうです。すかさず椿は「美幸の時もそうだったじゃん。一行くんが忙しくて退院の時に来られなかったから知らないだけ。」と答えました。

　「増えない体重とかけて〜」突然，一行がなぞかけを始めました。実は一行と椿は大学の落研所属の先輩後輩だったのです。「増えない体重とかけまして」椿は一行と何の打ち合わせもしていないのに合いの手を入れました。「アイドルの追っかけと解く。」と一行。「アイドルの追っかけと解く，はい，その心は？」と椿。「どちらも“ふあん”でしょう。“不安”と“ファン”ね。これどう？」一行は自信満々です。椿は「う〜ん，イマイチ！」と厳しい判定を下しました。仕方ないので一行は祖母に評価してもらおうと「お義母さん，どうです？　今の。」と尋ねてみました。すると，祖母は「だから体重増えなくたって大丈夫だって。その日の気分で体重も変わるのよ，ハハハ。」と一行のなぞかけをまったく聞いちゃいないという様子です。

　一行は一真の身長に話をシフトしました。「一真は，身長は標準だよね？」椿は母子手帳を眺め，「そうだね。だいたい平均だね。」と答えました。すると祖母は，「身長は普通だけど，一真はけっこう重いよ。とくに頭なんかずっしり重い。脳みそがたくさんつまってるんだな。頭のいい子になるよ，きっと。」と，何の根拠もなく一真を褒めました。

身長・体重変化

　胎児はおよそ40週，母親の胎内で発育する。まず，受精からおよそ７日間，受精卵は細胞分裂をくり返して子宮内膜に着床し妊娠が成立する。そして，妊娠７週の末頃にほぼ人間の形になる（それ以前を胎芽，それ以後を胎児と呼ぶ）。妊娠12週で胎児はおよそ身長９cm，体重20gとなり，妊娠満期の40週にはおよそ身長50cm，体重3000gほどにまで発育する。乳児期は体重増加が著しく，生後３ヵ月で出生時のおよそ２倍，１年で３倍ほどになる。しかし，誕生後数日の間に生理的体重減少と呼ばれる現象が起こる。哺乳量よりも，胎便・尿の排泄，呼吸や皮膚からの水分蒸発による水分喪失量が多いために体重が減少するのである。出生体重の５～10％程度減少するが生後１週間ほどで出生体重に戻る。身長は，１歳で出生時のおよそ1.5倍となる。

　また，脳は他の器官に比べ早期に発達が進む。まず，受精後18日頃，全身２mmの胎芽の中に脳の原基が現れる。50日すぎ頃大脳半球が現れ始め，徐々に大きくなり，４ヵ月で20～40gになる。５ヵ月目から急激に重量が増加し，７ヵ月目に大脳皮質に皺が現れる。９ヵ月目で正常の大人の脳の外観と同じになる。そして，誕生時には脳の重量は約400gになる。生後６ヵ月までにまた脳の重量が急激に増加するが，その後の発達は緩やかになる。２歳までに成人の脳の重量（約1300g）の75％，６，７歳で90％，10歳で95％となり，成人とほぼ同じ重さとなる。このように脳の重量が増えるのは，脳のニューロン（神経細胞）のミエリン化（髄鞘化）が進むためと，樹状突起が増えるためである（図１-３）。ミエリン鞘は絶縁体の役割を果たして神経パルスの伝達効果を高める。樹状突起の増加はシナプスの増加につながり，複雑な神経回路を構成する。ただし，４，５歳をピークにシナプスは減少し始め，15歳頃に成人と同程度になる。

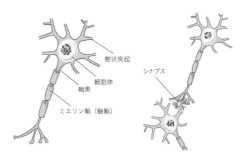

図１-３　ニューロン（神経細胞）の構造

●● 気難しい赤ちゃん（一真／乳児期）

　椿が退院して1週間ほど経ったある日，病院で仲良くなったママ友の梓から電話がかかってきました。「もしもし……元気？」その声は疲れ果てていて，覇気はきがありません。「うん，何とか元気よ？　なんだか元気なさそうだけど，どうした？」椿は心配して尋ねました。「う～ん……一真くんは，どう？　母乳飲んでる？」「まあ，普通に飲んでると思うけど。どうして？」「うちの慎二，全然飲んでくれないの……。それなのにお腹すかせて泣くし。母乳があまり出ていないのかな？それに，ちょっとした物音にも目を覚まして大声で泣くし，一度泣き出すとなかなか泣きやまないし……。もう，ノイローゼになりそう……。」梓は切羽詰まっている模様。「そうなの？　それは大変だよね。うちの一真も，お腹がすけば泣くし，眠い時や目覚めの時も泣くけど，抱っこすれば結構すぐ泣きやむねぇ。」「みんなそう言うの。うちの慎二，何かおかしいのかな？　どうしよう……」梓の悩みは尽きないようです。「慎二くんの体重はどうなの？　減ってる？」「ううん。体重は少しずつだけど増えてる。」「それなら大丈夫じゃないかな。たぶん慎二くんの性格なんだと思うよ。いろんな子がいるもん。」「そうかなぁ？」「そういえば，"子どもが新しい場所になかなか慣れない"って言ってた先輩ママいたな。あと，夜泣きがひどくて家族が一睡もできないとか。それに，おっぱい飲んでいるうちにイライラして乳首噛んじゃう子もいるんだってよ。だから粉ミルクしかあげられないんだって。」「そうなの？　いろいろいるのね。」「子育ててなかなかうまくいかないから大変。私も誰かに手伝ってもらわないと絶対無理だもん。」「でも，うちは旦那も帰りが遅いし，両親は働いているから手伝ってもらえないし，私一人で慎二を育ててるの。だから慎二に万が一のことがあったら私の責任だって思っちゃって。はじめての子育てだし，不安で不安で。」「そっかあ。思いつめちゃダメだよ。そういえば，ベビーシッターを派遣してくれるサービスがあるらしいよ。そういうところ利用して少し休んだら？」「そうだね。ありがとう。」

　生まれたばかりの赤ちゃんでも，いろいろなタイプの子がいるようです。電話を切ると，美幸が「誰？」と尋ねました。「慎二くんのママ。慎二くんがおっぱい飲んでくれなくて大変なんだって。」そういうと，美幸は「ふ～ん，赤ちゃん育てるのも大変ね。」と大人ぶった口調で言いました。椿は"ハハハ，あんたを育てるのも大変なのよ……"と苦笑いしながら心の中でつぶやくのでした。

乳児の気質

　子どもには生まれつきの反応傾向がみられ，それは気質と呼ばれる。トーマスとチェス（Thomas & Chess,1977）は，９つの気質カテゴリー（①活動の水準，②周期の規則性③接近／退避，④慣れやすさ，⑤反応の強さ，⑥気分の質，⑦気の散りやすさ，⑧注意持続と固執性，⑨敏感さ）の特徴に基づき，乳児の気質を「easy child（扱いやすい子ども）」，「difficult child（扱いにくい子ども）」，「slow-to-warm-up child（エンジンがかかりにくい子ども）」の３タイプに分けた（表１-３）。

　これらの気質は母親の精神状態にも影響を与える。たとえば，乳児が感情的，うつ的，未熟／頑固といった気質を有していたり，順応性が悪かったりして世話がしにくいと，母親の育児ストレスは高くなる（本城ら，1994；水野，1998；両角ら，2000）。中でも，夜泣きがひどい，なかなか泣きやまないなどの特徴は母親の睡眠不足にもつながって，ますます母親はストレスフルになる（西海・喜多，2004）。逆に，「状態の読みとりやすさ」，行動の「予測しやすさ」，働きかけに対する「反応の現れやすさ」は親としての有能感を高める（Goldberg,1977）。しかしながら，扱いやすい気質の乳児の場合，養育者とのかかわり不足に陥る危険性もあるため，養育者や保育者は注意が必要である。

　ちなみに，慎二は「difficult child」にあてはまる。そのため，母親の育児ストレスが高まっている様子がうかがえる。このようなケースでは，とくに周囲のサポートが重要である。

表１-３　気質の３タイプ（Thomas & Chess, 1977より作成）

気質のタイプ	特徴	出現率
easy child （扱いやすい子ども）	睡眠・食事・排泄等の生活リズムが規則正しく，新しい食べ物・人・おもちゃ等への接近や慣れやすさがみられる。また，物事への反応の強さは中程度であり，喜んだり楽しがったりといったポジティブな行動が比較的多くみられる。	約40%
difficult child （扱いにくい子ども）	生活リズムが不規則で，新しいものを回避しがちであり，慣れるのに時間がかかる。また，物事への反応が激しく，不愉快さを示したり泣きといったネガティブな行動が多くみられる。	約10%
slow-to-warm-up child （エンジンがかかりにくい子ども）	活動性が低く，新しいものを回避したり，慣れるのに時間がかかったりする。また，物事への反応は激しくないが，ネガティブな行動が多くみられる。	約15%

● ● ものまね上手の一真 （一真／乳児期） ● ●

「ママ！ 見て！ 一真が笑ったよ！」美幸は，椿を呼びました。一真はまど
ろんでいる状態ですが，何度か一瞬微笑みました。「あら，本当だ。かわいいわ
ねえ。何か楽しい夢でも見てるのかな？」椿が一真を眺めていると，美幸は一真
の顔をツンツンと突つつきました。美幸はまだ力の加減が上手にできないので，
ちょっと強めのツンツンでした。すると，一真の微笑みは消え，一気に険しい表
情に。「ダメよ。嫌がってるでしょ。」椿が制止すると，美幸は「一真ね，嫌がっ
てないんだよ。ツンツン好きなんだよ。」と反論します。「美幸がツンツンしたい
だけでしょ。一真は喜んでないよ。」

しばらくすると，一真が目を覚ましました。椿はオムツを替えます。椿が使用
済みのオムツをビニールに入れたり，手を洗ったりとバタバタ立ち動いている
と，美幸が呼びます。「ママ～，来て～！」「な～に，ちょっと待って。」美幸は
少し離れた椿に聞こえるように大きな声で「一真ね～，ペロやるよ～。」と言い
ます。"ペロって何？" 椿は思いました。「ママ～，見て～！」何度も美幸が呼び
ます。椿が急いで美幸と一真のところに戻ると，美幸は意気揚々と「ママ，見て
てね。」と一真に顔を近づけました。そして，一真の目の前でべーっと舌を出し
て見せました。一真は美幸の顔をじっと見ています。美幸が何度もべーっとくり
返すと，あら不思議。一真は，ペロ，ペロっと同じように舌を出しました。「ね，

ペロしたでしょ？」
「これが，ペロね。
へえ～，美幸の真似
してるのかな？」椿
は感心しました。美
幸は，日ごろから椿
の目の届かないとこ
ろで，一真にいろい
ろと実験を試みてい
るようです。

ニマ～

生理的微笑

〈～4週頃の一真〉

うさちゃん
だよ～

社会的微笑

〈2，3ヵ月～の一真〉

解説　微笑・注視・模倣

　生後数時間〜４週頃，外的刺激によらない自然発生的な微笑がみられる。これは生理的微笑（自然微笑・自発的微笑）と呼ばれ，内的なインパルスによる口辺や頬の筋肉の変化によるものともいわれる。その後，徐々に外的な働きかけによる微笑が増える。生後２，３ヵ月ともなると，周囲の呼びかけやあやしに応えて微笑するようになる。このように外部刺激によって生じる微笑を社会的微笑と呼ぶ。この頃の微笑は誰に対しても生じる（無差別的な社会的微笑）が，生後６ヵ月頃になると，身近な家族などに対してのみ微笑を示し，その他の人には示さなくなる（選択的な社会的微笑）。

　社会的微笑は人の顔に対して選択的に生じやすいといわれるが，そもそも，乳児は生まれながらに人の顔らしきものを注視する傾向がある。図１-４は各円に対する乳児の注視時間の割合を示したグラフである。やはり顔への注視時間がもっとも長く，また，より複雑な模様を注視する傾向があることがわかる。人の顔に注視しやすい乳児の性質は，多くのことを学習するのに適している。

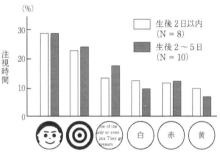

図１-４　乳児の選好注視 （Fantz, 1961）

　また，乳児は人の顔の動きを模倣するという特性を有している（図１-５）。３ヵ月になると喜びや悲しみの表情を模倣することも可能になる。ただし，表情の意味を理解しているわけではない。これらの原始模倣は生後５ヵ月頃に消失する。

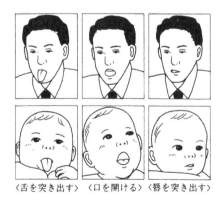

〈舌を突き出す〉　〈口を開ける〉　〈唇を突き出す〉

図１-５　原始模倣
（Meltzoff & Moore, 1977より作成）

● ● 寝返るんだ！　一真！（一真／乳幼児期）　● ●

　一真は日に日に大きくなり，いろんなことができるようになっていきます。

　ある日，椿が洗濯物をたたむ横で，うつ伏せになっていた一真の頭がちょっと上がっています。椿は，「わっ，わっ！　一真が頭上げた！　写真写真！」と，大慌てでスマホを取り出し，写真を撮って，一行や実家の両親のスマホに送りました。

　また，ある時は，仰向けで寝かせておいた一真が，いつの間にか左側を向いています。この第一発見者は一行でした。一行は，「大変だ！　一真が左向いてる！寝返りだ！」と急いで写真を撮りました。「一行くん，写真じゃ，一真がただ左側を向いて寝ているだけだよ。寝返りうってるところの動画を撮らなきゃ。」そう言われて，一行は，せっかく左を向いた一真をまた仰向けに寝かせ直し，動画を撮りはじめました。しかし，そう簡単に一真は寝返りをうちません。"ピピッ"容量オーバーです。一行はデータを消去して，また動画を撮り始めました。こんなことを何度かくり返し，一行は「ダメだ，デジカメ買おう。」とスマホをしまいました。すると一真はひょいと寝返りをうちました。「おいおい，マジかよ〜。一真，そりゃないぜ〜。」一行はがっかりです。結局，スマホの動画撮影を断念し，その日の午後に家電量販店でデジカメを買いました。実は，美幸が生まれた時もデジカメを購入したのですが，美幸がもっと小さい頃にいたずらして壊してしまい，それきり購入を控えていたのです。「金かかるなぁ。よし，もっと頑張って働こう！」思いもよらぬところで決意する一行なのでした。

　成長に伴い，一真はお座りをし，ハイハイをし，つかまり立ちをし……。デジカメは大活躍することになりました。

感動の
映像…

身体運動発達

　乳児の身体運動は目覚ましく発達する。その発達の共通原理・原則には，①連続性（絶え間なく連続して変化が進む），②順序性（一定の順序で進む），③方向性（頭部から尾部〔脚部〕へ，中心から周辺部〔抹消〕へ進む），④周期性（類似した現象や傾向が周期的に現れながら発達する），⑤相互関連性（心身の機能が相互に関連しながら発達する），⑥個人差（発達には大きな個人差がある）の6つがある。

　4ヵ月頃になると仰向けに寝ている状態から横向きに姿勢を変えられるようになる。ただし，上記の原理・原則の通り，発達の個人差は大きいため，早い子どもは3ヵ月頃に可能になるが，9，10ヵ月頃に初めて寝返りする子どももいる。しかし，いずれにせよ極端に発達が遅れているのでなければ，他の子どもと比較して不安がったり，発達を急き立てる必要はまったくない。

　一真の家族のように，一つひとつの発達を喜びながら，大らかな気持ちで見守ることで，心にゆとりをもった子育てができると考えられる。

図1-6　誕生から一人歩行までの身体運動発達 (Shirley, 1931)

　一真は一行の持つ鍵束が大好き。ガチャガチャ音が鳴るのが楽しくてたまらないのです。7ヵ月になり，盛んにハイハイができるようになった一真に，一行が鍵束を振って見せ，「ほ〜ら，一真，おいで，鍵がいっぱいあるよ〜。」と一真をハイハイで自分の方に来るよう促しました。一真は喜び勇んでハイハイして一行のもとにやって来ます。あと一息で鍵束にたどり着くという時，一行はふわっと鍵束の上にハンカチをかけて隠しました。もちろん，ハンカチを取れば鍵束はあるのです。しかし，不思議なことに，一真は自分の視界から鍵束が消えた瞬間，あたかも鍵束自

体がなくなってしまったかのように，ハイハイのペースはスローダウンし，別の方に行ってしまいました。一行は，またハンカチを取って鍵束を振り，「一真，ここにあるよ〜。」と再び興味を引きつけました。一真は一行の術中にはまり，また勢いよく一行の方にハイハイしていきます。そして，またもう少しというところでハンカチで隠します。一行が面白がってそんなことをくり返していると，椿

が，「ちょっと一行くん！　一真をおもちゃにして遊んじゃダメ。かわいそうでしょ。」と，一行を叱りました。一行は，「そうだな。でも，面白いもんだな。目の前でハンカチかけてるんだから，ハンカチ取ればそこに鍵があるってわかりそうなもんだろ。それがわからないんだな。"見えないものは，もうない"って感じるんだな。これじゃ，マジック見せても驚かないな。ワン，ツー，スリーでハンカチ取ったら鍵束なくなりました！　って言ったって，一真にとっちゃ，ハンカチで覆った時点で鍵が消えてるんだもんな。」一行は一真の行動を興味深そうに語りました。

　その後，一真が1歳になり，よちよち歩きとハイハイの両方を使うようになってきたある日，一行はふと思い出したように鍵束を取り出し，「一真〜，一真の大好きな鍵束だよ〜。良い音するね〜。」と振って見せました。そして，一真が近づいてくるのを見計らい，鍵束の上にハンカチをかけました。すると，なんということでしょう。一真はハンカチをよけて，鍵束を手にしたのです。一行は「か，一真〜！」と驚いた弾みで，タンスの角に足の小指をぶつけてしまいました。

〈解説〉

　生後8，9ヵ月頃までの子どもにとって，目の前から消えた（見えなくなった）物体は，もうそこに存在しない。9ヵ月〜12ヵ月になって子どもはようやく，物の永続性を見出す。つまり，物体が視野から消えても，その物体は永続的に存在するということを認識し始めるのである。物の永続性の発達は大きく4段階に分けられる（Piaget,1970/2007）。

　第1段階（生後8，9ヵ月まで）：目の前に示された物体（子どもの興味を引くもの）に子どもが手を伸ばしたところで，実験者がハンカチなどをかけてその物体を隠してしまうと，子どもは手を引っ込めてその物体に対する興味をなくし，それ以上探そうとしない。

　第2段階（生後11，12ヵ月頃まで）：目の前に示された物体（子どもの興味を引くもの）に子どもが手を伸ばしたところで，実験者がハンカチなどをかけてその物体を隠しても，子どもはそのハンカチをめくってその物体を入手することができる。しかし，場所（A）に物体を隠して子どもがそれを入手するという経験を2，3回くり返した後，子どもの目の前で別の場所（B）に隠すと，子どもは新しい場所（B）ではなく最初の場所（A）を探す。このような行動をA$\bar{\text{B}}$エラー（A not B error）と呼ぶ。

　第3段階（1歳半頃まで）：A$\bar{\text{B}}$エラーを起こさなくなるが，最初に隠した場所（A）から，実験者が，物体が見えないように別の場所（B）に移動させると（子どもの目の前で移動する），子どもはあらたな場所（B）を探さずに，最初の場所（A）を探し続ける。また，子どもの目の前で不透明なカップ（A）に物体を隠し，同じく不透明なカップ（B）の位置とカップ（A）の位置を子どもの目の前で交換すると，子どもは最初に隠された位置に置いてあるカップ（B）のところで物体を探す。

　第4段階（1歳半以降）：最初に隠した場所（A）から，実験者が，物体が見えないように別の場所（B）に移動させると，子どもは最初に隠された場所（A）を探し，そこにないことがわかると次の場所（B）を探すようになる。また，物体が見えない状態で隠される場所が次々に替わっても（AからB，BからC，CからD），子どもはその隠された順番（A→B→C→D）あるいは逆順（D→C→B→A）に物体を探すことができる。

　これらは，「感覚運動期」（表5-1参照）にみられる特徴である。

Episode 2 一真，いざ出陣！（保育所入所）

●● 一真はストーカー（一真／乳幼児期）●●

　まもなく椿の育児休業が明けます。一真は生後7ヵ月。今日から慣らし保育のため，半日保育所で過ごします。不穏な雰囲気を察知してか，一真は朝からハイハイで椿の後をついてまわります。椿がトイレに入り姿が見えなくなると大泣きです。一行は昨日から出張で不在。自宅には椿と美幸と一真の3人だけ。「美幸，今日から一真も美幸の保育園に一緒に行くからね。」「知ってるよ。一真は赤ちゃんだから，ひよこ組さんだよ。」美幸は自信満々に答えました。椿は，美幸のお姉さん心をくすぐろうと，「美幸が一緒だから，ママ安心だわ。一真のことよろしくね。」と言うと，「え？　美幸はね，はるかちゃんと遊ぶの。一真とは遊ばないんだよ。」と弟よりお友達を優先している様子。お姉ちゃん心をくすぐろうと思った椿の発言はあえなく玉砕です。

　さて，朝は大忙し。椿は朝食を作ろうとキッチンに入りました。すると，一真は必死についてきます。美幸は大きな犬でも抱えるように，一真の身体を背後から両手で抱え，「一真，ダメ，こっち！」と，リビングに引きずり戻します。美幸なりに椿のお手伝いをしているつもりなのですが，もちろん，一真はギャーギャー泣きます。食事の片づけ時も，歯磨き時も一真は椿の後を追い，椿が着替えている時も片時も離れません。「一真，今日はとことんママにつきまとうねぇストーカーみたいだよ。」と，椿は笑って言いました。一真がいつまでもぐずり

だめ～っ　こっち！

泣きしているので椿が一真を抱きあげると，一真はすぐに泣きやみ，何事もなかったかのように「あーあー」と言いながら，楽しそうに椿の顔をペタペタ叩いています。「さっきまで泣いていたのに。まったく一真は，気分屋さんだねぇ。」椿は一真の涙をぬぐいながらあきれて言いました。

アタッチメント（システムと発達段階）

　人は，不安や疲れ恐れなど，自分がネガティブな心的状態に陥った時，特定の人物に接近・接触（物理的なものだけでなく，表象的なものも含め）することで，心的安定を回復しようとする。この行動制御システムをボウルビィ（Bowlby, J.）は，アタッチメント（愛着）と呼んだ。アタッチメントは生涯にわたって発動され得るシステムであるが，幼少の子どもの方が明らかなかたちで行動に現れやすい。このシステムが発動した時の行動サイクルは図2-1のとおりである。まず，必ずなんらかのネガティブな心的状態からスタートする。そして，そのような状態に陥った子どもは，アタッチメント人物に対してアタッチメント行動をとる。幼い子どもにとってのアタッチメント人物とは，これまでその子どもがネガティブな心的状態に陥った時，継続的にその回復に貢献してきた人物のことであり，多くは養育者がそれにあたる。ただし，祖父母や保育所の担当保育士など，継続的に子どもの養育に関与している者は，その子どものアタッ

図2-1　アタッチメント発動時の行動サイクル

チメント人物となりうる。このアタッチメント人物は「安全な避難所（safe heaven）」や「安心の基地（secre base）」の機能を持つ。つまり，不安や疲れ，恐れなどの危機的状況（幼い子どもほど生命を脅かされる）から身の安全を守ってもらい，状況が落ち着いた

表2-1　アタッチメント行動

種類	具体的行動
発信行動	泣き，微笑み
定位行動	注視，接近，後追い
身体接触行動	抱きつき，しがみつき

後，積極的に外界に飛び出せる場所として働いている。

　アタッチメント行動には，大きく分けて3種類ある（表2-1）。これらがアタッチメント人物によってうまく対処されると，その子どもの心的安定が回復し，心おきなく周囲を探索（遊びなど）するようになる。そして，探索行動をしているうちに見慣れぬものに遭遇するなどして不安や恐怖を抱くと，再びア

タッチメントが発動される。

　このアタッチメントには表2-2のような発達段階がある。誰に対してもアタッチメント行動を発する時期から徐々に特定の人物（アタッチメント人物）に向けてのアタッチメント行動が盛んになっていく様子がうかがえる。また，第三段階に入ると，見知らぬ人に対する警戒や恐れを示すようにもなる（後述）。

　3歳頃になると，アタッチメント人物に直接的な接近・接触（物理的接近・接触）をしなくても，心に思い浮かべてイメージする（表象的接近）だけでも，ある程度は心的安定が図れるようになる。

　子どもは，幼少期のアタッチメント人物との相互作用の経験を通して，「自分はどのような存在なのか（世話・保護を受ける価値のある人間なのか，他者から愛される存在なのか）。」ということや，「自分の周囲（世界）はどのようなものなのか（この世界は信頼がおけるのか。自分を守り，愛してくれるのか）。」といったイメージを構築する。これらは内的ワーキングモデル（Internal Working Model；IWM）と呼ばれ，その後の出来事に対する自身の行動，対人関係の形成，未来の予測・計画などの際に活用され，知覚・判断がなされる（Bowlby, 1969/1997；1973/1995）。

　Bowlbyによれば，このIWMは生後6ヵ月（その後の研究（Main et al., 1985）

表2-2　アタッチメントの発達段階（Bowlby, 1969/1997より作成）

段階	特徴
第一段階 誕生～12週頃	誰に対しても同じように愛嬌が良く，誰に対してもアタッチメント行動をとる。
第二段階 12週～6ヵ月頃	特定の人物に対して，より愛嬌が良く，これらの人に対して，よりアタッチメント行動をとる。その他の人にもそれなりに愛嬌が良い。
第三段階 6，7ヵ月～2，3歳	特定の人物に対して愛嬌がよく，その人物に対してのみアタッチメント行動をとる。その他の家族にも比較的愛嬌が良い。しかし，見知らぬ人に対しては警戒したり，恐れたりする。
第四段階 3歳頃以降	養育者の行動を観察することによって，その養育者の感情や動機などをある程度推測できる。それによって，自分の行動や目標をある程度柔軟に修正できる。また，内的ワーキングモデルの獲得により，短時間アタッチメント人物が不在でも，際立ったアタッチメント行動を表出せずに過ごすことができる。

によれば3，4ヵ月）から5歳頃までのアタッチメント経験を基盤として構成されるという。

　ところで，児童期までのアタッチメントでは，アタッチメント人物と子どもの関係は守り守られる（世話や保護を与える人―世話や保護を受ける人）という非対称的な関係である。しかし，先述のとおりアタッチメントは生涯にわたって発動されうるシステムである。大人であっても心的状態がネガティブになればアタッチメントは発動される。大人（青年期以降）の場合，アタッチメント人物は親だけではなく，友人・恋人・夫婦も含まれるようになる。つまり，双方がそのつど，世話や保護を与えたり（安全な避難所や安心の基地として機能したり），それを受けたりする関係性となりうるのである。この時期のアタッチメントでは，このような対等な関係が中心となる（Ainsworth, 1991）。

●● 先生も大好き（一真／乳幼児期） ●●

　美幸の通っているしずく保育園に一真が入る日になりました。しずく保育園は生後7ヵ月からの子どもを受け入れている保育所で，椿はそれを待って9月から仕事に復帰することを決めていました。1週間は一真が保育所に慣れるように，少しずつ，時間を延ばしながら通うことになります。

　保育所初日。いつも美幸の送り迎えにきているので，保育所に入ることには抵抗がない様子の一真。保育室に入る時も椿に抱っこされて興味深げにあたりをキョロキョロと見回しています。そこへ，担任保育士の春菜先生が来て，「一真くんおはよう」と声をかけ，抱っこしてくれました。一真は一瞬，椿の顔を見ましたが，椿が笑顔を返すと，すぐに笑顔になりニコニコと笑っています。

　一真が先生とボールを手にしながら機嫌よく遊んでいるので，椿はロッカーに持ち物の整理をしに行くことにしました。その途端，それまで機嫌のよかった一真が「ワー」と大きな声で泣き始めました。慌てた椿が一真のところへ戻りあやすと，また機嫌よくおもちゃで遊び始めました。

　2日目。今日は一真一人で半日過ごす予定。心配なのか，美幸も友達と一緒に0歳児クラスにきて，「かーずま」と声をかけています。一真の機嫌がよいので，椿は帰ろうと，「じゃあね。一真。」と声をかけ，立ち去ろうとしたそのとたん，一真は大きな声で泣き出してしまいました。しばらく一緒に過ごしていると，機嫌がよくなり，春菜先生とボールを転がして遊んでいます。椿は，「じゃあね」と声をかけ，帰ることにしました。

　お昼前，椿が迎えに行くと，一真の泣き声が聞こえます。あわてて「ずっと泣いていたんですか？」と春菜先生に尋ねると，今お昼寝から目覚めて泣き出したとのこと。思っている以上にたくましいなとうれしい反面，少しさびしさも感じる椿でした。

保育士との関係

　保育所に入り，最初は椿と離れるのを嫌がって泣いていた一真だったが，次第に保育士との関係が築かれ，保育士のもとで安心して過ごせるようになってきたことがわかる。

　乳児は，まず養育者との間にアタッチメント関係を築く。一真の場合は母親である椿や父親である一行である。この人は〈自分を守ってくれる人〉〈自分のことを愛してくれる人〉と子どもが認識するからこそ，安心して生活することができ，それをもとに，子どもは世界を広げていくことができるのである。このような関係が，一真と椿との間に成立しているため，一真は椿がいなくなることに不安を覚え，入園初日，自分の前から姿を消した際に泣き出してしまったのである。

　しかし，そんな一真も，次第に担任保育士である春菜先生と一緒にいることで安定できるようになっていく。これは，一真が，春菜先生を「お母さんやお父さんではないけれど〈自分を守ってくれる人〉〈自分を愛してくれる人〉」と感じていくからである。その際にも，養育者の存在は重要となってくる。

　初日，椿は一真とともに保育所で半日を過ごした。また，2日目も泣き出す一真に寄り添ってしばらく春菜先生と遊ぶ様子を見ている。親がいる安心感のもとに，一真は徐々に新しい人との関係を築いていくのである。一真の場合，その対象は春菜先生であり，他の保育士（たとえば30頁の知子先生）とはまだその関係を築くことができていない。0歳児の保育においては，特定の保育士としっかりと関係を築けることが重要である。そして，その関係を基盤に，他の保育士や友達へと新しい世界を築いていくことができるようになるのである。

⬤⬤ パパ，行かないで！（一真／乳幼児期）⬤⬤

　一真はまだ馴らし保育の期間なので，お昼過ぎにはお迎えに行きます。今日，椿は夕方までの勤務のため，一行は有給休暇をとりました。一行は一真を迎えに行った後，区が運営している近所の子育てルームに立ち寄りました。ここは，多くの親子連れがやってくるので交流ができる場所です。コーディネーターの方もサポートしてくれます。「一真，ここでちょっと遊んで行こう。」

　一行は子育てルームの入り口で手続きし，プレイルームに入っていきました。そこには自宅にはないおもちゃがいっぱい。最初は不安がっていた一真も，一行に抱かれながら，それらのおもちゃに興味を示し始めました。「一真，パパ，ちょっとトイレに行きたくなっちゃった。一人で遊んでいられるか？」と言うと，近くにいた見知らぬ子連れの母親が「私，見ててあげますよ。一真くんっていうの？　ちょっとだけ待ってようね。」と声をかけてくれました。「ありがとうございます。じゃあ，すぐ戻りますんで。」そう言って，一行はその母親に一真を渡しました。すると，一真は必死に一行の方に手を伸ばし，この母親に抱かれるのを嫌がりました。しまいにはのけぞって泣き出す始末。「ありゃりゃ……」一行はいったん一真を引き取りました。「困ったなあ。ここのところいつもこうなっちゃうんだよなあ。」とつぶやくと，その母親は「うちの子は6カ月ですけど，同じですよ。この間，久しぶりにおばあちゃんが来てくれたのに，ギャンギャン泣いて。おばあちゃん，孫に会えることを楽しみに来たのに，本当にかわいそうでしたよ。落ち込んじゃって。」と語り始めました。「そうですか……」一行は，

"どこの子どももそうなのかなあ。美幸もそうだったっけ？　あいつはそんなことなかった気がするけど"などと思いを馳せていました。が，膀胱の限界がやってきました。結局一行は，泣きながら後追いしてくる一真を置いて，トイレに駆け込んで行きました。

人見知り・分離不安

　アタッチメントの発達でいう第三段階に突入する頃（生後6，7ヵ月），子ども
は見知らぬ人を警戒したり，恐れたりする行動を示すようになる。これは人見
知りと呼ばれ，発達上，非常に重要な反応といえる。なぜなら，人見知りは脳
の発達により，自分の知っている人物とそうでない人物とを見分けることがで
きるようになった証だからである。また，乳児は生まれてしばらく誰に対して
も愛嬌よくするのは，自力で生きられない自分を育ててくれる大人を引き寄せ
るためであり，その後，養育者が決定しているであろう時期に，養育者以外の
見知らぬ人を警戒し始めることで自分の身を守るといった，生存に絡んだ機能
であるともいわれる。

　人見知りは先述の気質や育つ環境などとの関係で，程度や時期に個人差がみ
られる。基本的に生後6ヵ月から2歳頃に現れるが，それより数ヵ月早く現れ
たり長く続く子どももいる。また，人見知りがないかのように誰に対しても愛
嬌の良い子どももいる一方で，かなり過敏な子どももいる。アタッチメント人
物が近くにいる状態で新奇な環境（見慣れない人や物や状況）に接することで，子
どもは安心の基地と新奇な環境を行き来しながら徐々にその新奇な環境に慣れ
ていく。あまり焦らずに子どものペースに合わせて慣らしていくのがよい。

　この時期，分離不安も現れる。これは，アタッチメント人物と離れることに
不安を感じ，分離を拒否して泣いたり後追いしたりすることである。これも個
人差は大きいが，（年齢的に）極端に長続きしていなければ，また，アタッチメ
ント人物と再会して安定を取り戻せれば，分離不安は子どものアタッチメント
がしっかり形成されている証ともいえる。

　一真の場合も，人見知りや分離不安が生じたようである。前エピソードでは，
一真はいつもと違う雰囲気から，椿との分離を察知し，分離不安が生じている。
しかし，椿が抱くとすぐ泣きやんでいる。今回のエピソードでも，一行との分
離を抵抗するも，（次エピソードで）一行が戻ると遊びが開始（心的安定の証）して
いる。これらから，一真は父母に対しアタッチメントを形成していると考えら
れる。

● ● いろいろ親子（一真／乳幼児期）● ●

　一行がトイレからすっきりした表情で戻ってきました。「おう！　一真，ただいま！　いい子にしてたかい？」一真は泣き続けていましたが，一行をみると一目散にハイハイで近づいてきて抱っこをせがむように手を伸ばしました。「泣くなよ，ベイビー。かわいい顔が台無しだぜ。」と言って一行はひょいっと一真を抱き上げました。そばにいた母親は「フフフ」と愛想笑いしています。

　一行と一真が遊んでいると，そこから少し離れたところにいた母親が「健ちゃん，一人で遊んでて。」と子どもに声をかけて立ち去ろうとしています。その母親は電話がかかってきたために部屋の外に出るところでした。その子も一真と同じくらいの月齢でしょうか。にもかかわらず，様子が一真とだいぶ異なります。一真は一行がトイレに行こうとしただけで泣き出したのに，その子は，母親が立ち去ろうとしてもチラッと見ただけで，とくに泣いたり後追いしたりすることもなく，その場にたたずんでいるという感じです。"あの子は，お母さんがいなくても泣かないんだなぁ。"一行は思いました。

　そうかと思うと，窓際の方には，母親がちょっと乳児から離れておもちゃを片づけに行っただけで，大泣きし，母親が戻ってきてもなかなか泣きやまない子どももいます。「なによ〜。お母さん，ちょっとそこまで行っただけでしょ。泣かないでよ〜。」そう言って，その母は子どもを抱きあげましたが，子どもは怒りがおさまらない様子で，母を叩くように手をバタバタさせていました。"あの子は1歳くらいかな。なかなか泣き止まないねぇ。いろんな子がいるもんだ……"そして，一行は一真をじっと見つめて，「一真！　おまえはおまえだ。それでいいじゃないか。可愛い俺の息子だ！」と，熱く語りかけました。近くで聞いていた母親は「フフ」っと苦笑いしています。

　一真がぐずり始めました。お昼寝の時間が近づいているのです。一行の思いが一真に届いたかわかりませんが，一行は一真を抱きかかえて帰路につくのでした。

アタッチメント（タイプとその要因）

　エインズワースら（Ainsworth et al., 1978）はストレンジ・シチュエーション法（SSP）を開発し（図2-2），そこで見られる子どもの行動特徴から，アタッチメントタイプを分類した（表2-3）。この方法は，1歳前後の乳幼児を若干ストレスフルな状況に置き，アタッチメントを発動させやすい状態にする。そして，アタッチメント人物との分離や再会の場面において，乳幼児がどのような行動をとるかを観察し，タイプに分類する。

　なぜ，乳幼児は表2-3のような行動特性に分かれるのだろうか。その要因はさまざまあるが，一つにアタッチメント人物の乳児へのこれまでのかかわり方，とくに「敏感性」の特徴に由来するといわれる。敏感性とは，乳児のシグナルに対して，迅速に気づき，適切に解釈し，迅速かつ適切に対応する能力を指す（Sameroff, & Emde, 1989/2003）。

　回避型の子どものアタッチメント人物は，子どもの働きかけに拒否的で，とくにネガティブな情動表出を伴う接近・接触を嫌う傾向がある（敏感性が低い）。このようなアタッチメント人物との相互作用経験を通し，子どもは"この人を自分の近くにひきつけておくには，ネガティブな情動表出は極力抑え，身体接触もできるだけ避けた方がよいのだ"という方策を身につけるのである。しかしながら，なかなか心的安定が図れないため，活発な探索行動に移行するのに時間を要する。

　安定型の子どものアタッチメント人物は，子どものシグナルに対

図2-2　SSPの手順（繁多，1987）

し全般的に敏感である（敏感性が高い）。このようなアタッチメント人物との相互作用経験を通し，子どもは"この人は自分がシグナルを発すれば助けに来てくれる"という確信をもつようになる。そのため，分離場面では泣きや後追いによってシグナルを発信し，再会場面ではアタッチメント人物への積極的な接近・接触を試み，スムーズに心的安定を図り，探索行動に移行していけるのである。

　抵抗型の子どものアタッチメント人物は，自身の気分や欲求に左右されやすく，子どものシグナルに対し一貫性のない対応をとる傾向がある（敏感性に一貫性がない）。このようなアタッチメント人物との相互作用経験を通し，子どもは"この人は自分のシグナルに応答してくれるのかしてくれないのか，よくわからない。ならば，最大限のシグナルを発して，自分にひきつけるしかない"という方策を身につけるのである。そのため，分離場面での泣きが大きい。しかしながら，アタッチメント人物の助けが得られるか否かの確信がもてないために不安が大きく，再会場面でも，その不安の大きさゆえにアタッチメント人物に怒りを示す行動に出るなど，なかなか心的安定が回復できず探索行動に移行できない。

　ただし，回避型も抵抗型も正常の範疇にある。アタッチメント人物の行動特性も，個人差の範囲といってよい。子どもは，アタッチメント人物からのケアをより得やすくするために，こうした適応的な行動パターンを身につけるのである。

　上記の３タイプが発見された後，これらのタイプには分類できない特殊な行動を示す乳幼児が見出された。それは無秩序型（非体制型）と呼ばれる４つ目のタイプである。このタイプの乳幼児は再会場面において意味のわからない一貫性のない行動を示すことが特徴である（表2-4）。その要因は，アタッチメント人物の虐待や慢性的／重度のうつなどによるものと考えられている。つまり，アタッチメント人物が安心の源にも恐怖の源にもなり得るため，子どもは，アタッチメント人物に接近したいが回避したいという葛藤を抱き，意味のわからない行動が生じるのである。

表2-3　SSP に見られる乳幼児（1歳前後）のアタッチメントタイプ別行動特徴

(Ainsworth et al., 1978より作成)

タイプ	特徴
回避型	アタッチメント人物との分離場面で，後追いや泣きなどの混乱はほとんど見られない。再会場面でも，アタッチメント人物に対して積極的に接近・接触を求めない。アタッチメント人物を安心の基地として利用する様子がほとんど見られない。
安定型	アタッチメント人物との分離場面で，後追いや多少の泣きなどの混乱を示すが，再会場面では積極的にアタッチメント人物に接近・接触し，容易に心的安定を回復することができる。
抵抗型 （アンビバレント型）	アタッチメント人物との分離場面で，非常に強い泣きなどの混乱を示す。再会場面ではアタッチメント人物に対して積極的に身体接触を求めるが，その一方で，アタッチメント人物を叩いたり怒りを示すなど，接近・接触と怒りなどの抵抗といったアンビバレントな行動が見られる。

表2-4　SSP の再会場面に見られる無秩序型（非体制型）の行動特徴と例

(Main & Solomon, 1990より作成)

特徴	行動例
1．矛盾した行動パターンを順次連続して示す。	アタッチメント行動を強く示した後に，突然，回避したり，凍りついたり，ボーっとしたりする。
2．矛盾した行動を同時に示す。	強く回避すると同時に，接触を強く求めたり，苦痛や怒りを示したりする。
3．動きや表情に方向性がなかったり，誤った方向に向けられたり，完結していなかったり，中断されたりする。	苦痛をさまざまな形で表現しながらも，動きは母親に向かうというより，むしろ母親から離れる方向へ向かう。
4．動きがいつも同じパターンで，非対称的で，タイミングがずれており，そして姿勢が普通でない。	親がいる時にだけ，明確な理由もないのにつまづく。
5．動きや表情が，凍りつき，動かないでじっとしていたり，まるで"水中で"動くようなスローモーションになったりする。	―
6．親に対する懸念（心配）がはっきりとわかるような動作や表情を示す。	肩を丸くしたり，怖がった表情をする。
7．非体制性や無方向性を直接に示す動作や表情を示す。	方向性がなくさまよい歩いたり，困惑したり，ボーっとした表情をしたり，急激に感情がいくつも変化したりする。

●● お気に入りのおもちゃとはじめてのお友達（一真／乳幼児期）●●

　一真は順調に保育所に慣れ，椿と別れる時も泣かずに春菜先生に抱っこされるようになってきました。保育所でも離乳食をたくさん食べ，ミルクをたくさん飲み，たくさん眠っているようです。

　そんなある日，いつものように機嫌よく保育室に入った一真は部屋の中をキョロキョロ。春菜先生を探しているようです。もう一人の担任の知子先生が「一真くんおはよう。」と抱っこしてくれます。不安げな表情であたりを見まわす一真。身支度を終えた椿が保育室を出ようとすると，ギャーと泣き出します。「あれー一真くんどうしたの？　いつもご機嫌なのにね～。」と知子先生があやしてくれますが，一真は泣きやみません。そこへ春菜先生が戻ってきて知子先生からバトンタッチ。春菜先生が「ごめんねー，一真くんおはよう。」といって抱っこし，あやすと，一真は春菜先生を見て泣くのを止めました。

　春菜先生は，一真が気に入っている鈴の入った音の鳴るボールを手に取り，音を鳴らします。すると，さっきまでの大泣きは嘘のように，一真は「きゃっきゃ」と笑い，すっかりご機嫌になりました。その後は床の上でのボール遊びに夢中です。ボールを叩いたり，転がしたり，投げたり，床にぶつけたりして，音が鳴ると「きゃっきゃ」と喜んだり，転がっていくボールを見て追いかけたりしています。たまに思ったように音が鳴らなかった時などは，少し難しい顔をしてボールを見たりもしています。

　すっかりボールに夢中な一真に，安心した椿は「じゃあね，一真，行ってきます。」と声をかけて職場へと向かいました。

　　　　　　　　　　　　　　　　　　　　　　　　　　　　　　　　　　　　　　　

　美幸と一真を迎えに行った帰り道，美幸は「今日は美保ちゃんと一緒におままごとをして遊んだよ，美幸がお母さんで美保ちゃんがお姉ちゃんで……あとリレーもやったんだよ，美保ちゃん走るの早いんだよ！　美幸もちょっと早いよ。」などと保育所での遊びの様子を楽しそうに話してくれます。椿が「美幸は友達がたくさんいて，毎日一緒にいろんな遊びをして楽しそうね。」と言うと，美幸は，「美保ちゃんだけじゃなくて，崇ちゃんも，はるかちゃんもみーんな仲良しだよ。」と自慢気です。「そうだ！　今日，一真のクラスを見に行ったら，お友達ができ

たみたいで一真もお友達と一緒に遊んでたよ。」と美幸は続けます。「一真もおま まごとしたりしてたの？」と椿が聞くと，「そうじゃないけど，お友達と一緒に 遊んでたよ。」と美幸。「最初は泣いてばかりいたのにね。」と美幸は一真の保育 所での様子を気にかけているようです。

　翌日，春菜先生に聞いてみると，一真は，お気に入りのボールのおもちゃを先 生と徹ちゃんと一緒に転がしたり，落としたり，投げたりして楽しそうに遊んだ とのこと。徹ちゃんもボールのおもちゃがお気に入りで同じように遊んでいたよ うですが，どうやら美幸のままごとやリレーのように，一定のルールや決まり事 をもって友達と一緒に遊んでいるわけではないようです。また離乳食も2人の友 達と同じテーブルで食べている様子。春菜先生によると，一緒のおもちゃで遊ん でいることや，同じ場で遊んでいることは，友達のことを意識することにつなが り，また友達からさまざまな刺激を受けているとのこと。

　春菜先生とべったりだった一真も，友達と一緒にご飯を食べたり遊んだりでき るようになってきたようでうれしく思う椿でした。

遊びの発達

　最初は春菜先生とべったりだった一真も，だんだんと他の子どもたちと一緒にいる生活に慣れてきた様子が読みとれる。その際に重要な意味をもっているのが「遊び」である。春菜先生にあやしてもらったり，お気に入りのおもちゃ（一真の場合はボール）で遊んだりする中で，「楽しいな」「うれしいな」という感情をもち，その人との関係を築いていくのである。

　美幸のように，友達とルールや役割のある遊びで遊ぶということではないが，友達の遊んでいる姿に魅力を感じ，また保育士を媒介として同じことをやってみたり，そこから自分なりの楽しさを見出したりすることによって，遊びの楽しさも広がり，友達との関係も築いていくのである。

　また，遊びは乳幼児の発達にとって非常に重要である。たとえば，ボールで遊ぶことは，「つかむ」「握る」「たたく」「投げる」「落とす」などさまざまな行動を生み，自分自身でそのボールの状態を見極めるという行為につながる。1歳前後でも，ボールの動きを目で追い，どのような扱い方をすると，どのような動きをするのか試すかのようにいろいろな方法でボールを扱う姿がみられるのである。このような行為の過程で，手指の発達はもちろんのこと，手の動かし方とボールの動きとの関係なども学んでいく。さらにそのお気に入りのおもちゃを媒介にし，友達との関係も広げていくのである。

　パーテン（Parten）は乳幼児の遊びを6つの段階に分けて示している（表2-5）。パーテンは，この段階が進むほど社会性の発達がみられ，年齢に伴って進んでいくことを示している（図2-3）が，一人遊びが決して程度の低い遊びということで

表2-5　仲間との遊びの種類 (Parten, 1932)

遊びの形態	遊びの内容
専念しない状態	遊んでいるとはいえず，なにかをぼうっとして見ているような状態。
一人遊び	一人で玩具で遊ぶ。
傍観者遊び	他の子どもの遊びを見て大半の時間を過ごす。見ている対象の子どもに話しかけることもあるが，遊びに参加する気配はない。
平行遊び	一人で独立して遊んでいるが他の子どものそばで同じようなおもちゃで遊ぶ。
連合遊び	グループに属している者同士，共通の行動をしたり，仲間意識が見られたりするが，目的や具体的な成果を目指した役割分担や活動の組織化は見られない。
協同遊び	具体的な成果や結果などの目的のための組織的なグループで遊ぶ。

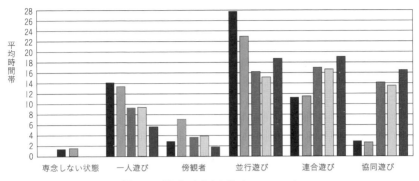

図2-3　遊びの変化と年齢 (Parten, 1932)

はない。友達と協同で遊ぶことの楽しさを味わった幼児でも，一人でじっくり
物を作ったり，絵を描いたりすることに没頭することもある。幼児がモノと
じっくりかかわることは，発達にとっても望ましいことであり，友達と遊んで
いないからといって無理に友達の中に入れようとしたり，一人で遊んでいるこ
とを否定したりすることは避けなければならない。見かけで遊びを判断するの
ではなく，子どもが「どのように遊んでいるか」を大人は見極めて援助しなけ
ればならないのである。

　このように乳幼児にとって遊びは発達を促す重要な行為であるといえるが，
小川 (1995) はホイジンガの遊びの定義を次のようにまとめている (表2-6)。

　この定義から，遊びは人からやらされるものでもなく，何かのためにするも
のでもない。子どもみずからが遊ぶことを目的に楽しんで行うことが大切なの
である。つまり，「○○遊び」と名をつけて知識を教えることや，大人が押し
つけてやらせている活動は遊びとはいえないのである。

表2-6　遊びの定義 (小川，1995より作成)

遊びの自発性	遊び手が自ら選んで取り組む活動である。
遊びの自己完結性	遊ぶこと自体が目的となる活動である。
遊びの自己報酬性	活動自体が楽しい感情に結びつく経験である。
遊びの自己活動性	みずから行動を起こして活動に参加する。

　美幸は一真のことをとてもかわいがり，毎日よく遊んであげています。一真のお気に入りは転がすと音がでるボールのおもちゃで，保育所でも家でもボールのおもちゃで遊ぶことが大好きです。ボールをつかんだり，ふったり，投げたりしては喜んで遊んでいました。

　ある日，夕食の後片づけをしていた椿に向かって，「お母さん，今，一真"ボール"って言ったよ！」「またことばを覚えたんだね。」と目を丸くしてうれしそうにはしゃいでいます。

　椿があわてて居間に行ってみると，一真はおもちゃカゴの中のボールを指さし椿の方を見て「ぼーう」と言っています。椿はおもちゃカゴの中のボールをとって一真に「ハイ，ボールどうぞ。」と言って手渡すと，一真は喜んでボールを誰もいない方へ転がし，椿の様子をうかがっているようです。椿が困った表情を見せるとさらに「きゃっきゃ」と笑い，またボールを指さして「ぼーう」と椿に取りに行くようにせがみます。今度は美幸が転がしたボールを「一真あっちだよ！」と指さすとボールのある方を見て，取りに行き，また「きゃっきゃ」と喜びます。

　美幸は「前は一真，美幸が教えてあげてもボール取りにいかなかったのにね。ボールってわかるようになったのかな〜。」と不思議そう。「そうそう，前は美幸の指ばかり見てたわよね。」と椿。日々成長していく一真を美幸も感じているのだなと椿は二重の喜びを感じていました。

〈解説〉 ボールで遊ぶことが好きだった一真が「ぼーう」と言ってボールを取りに行くように指をさした時のエピソードである。乳児が，指でさしたところの先にそのモノがあることがわかるようになるのは 9 ヵ月頃といわれている。

それまでの乳児は，〈自分と誰か〉〈自分とモノ〉という二者関係の中で生きている。このような〈自分と人〉との二項関係は生後 2 ヵ月頃から，また〈自分とモノ〉との二項関係は物がつかめるようになる 4 ～ 5 ヵ月頃には成立する。

美幸が，「以前は指をさしてボールの場所を教えても一真が指を見ていた。」と話しているのはそのことを表している。一真にとっては〈自分と美幸〉という二者の関係のみを認識しているのであり，その間にボールというモノは存在していない。つまり，自分と遊んでいる美幸に意識がいっている時には，ボールは存在していないため，美幸がボールの存在を指さして示しても，一真には通じていないということなのである。逆にボールと遊んでいる時には，美幸の存在は認識していないということである。

このような指さした「指」を見る段階を経て，乳児は指の先にあるモノを見るようになる。つまり，〈誰かと同じモノを見る〉ということができるようになるのであり，これを「共同注意（ジョイントアテンション）」という。これは，相手が注意を向けているモノがわかり，それに自分も注意を向けることができるようになるということである。9 ヵ月前後から成立するといわれている。

このような〈自分〉〈相手〉〈モノ〉という三者の関係の認識を「三項関係」という。一真も椿に「ボール取って」という意味を込めてボールを指し，椿の顔を見ている。これは指の先にボールがあることを認識していることを示し，一真が自分と椿との間にボールというモノの存在を認識していることを意味している。三項関係の成立は，相手が意味している「モノ，コト」を理解することであり，ことばの発達に大きくかかわっているといえる。

3 Episode
一真がしゃべった！

 「ママ」って言った !? （一真／幼児期）

　一真は保育所に行き始めた頃から，「あーあー」や「マンマンマンマン」など
と言うようになってきました。この日も一真は美幸にお気に入りのボールで遊ん
でもらいご機嫌で，しきりに「あーあー」と言っては笑っています。

　美幸は，そんな一真の様子を見て，「一真，おしゃべりしたいのかな？」と椿
に尋ねてきました。椿は「きっとそうよ，お姉ちゃんに何か言いたいんじゃない
の？」と言って，一真に向かって「一真！　お姉ちゃんに遊んでもらってうれし
いの？　よかったわね〜。」と話しかけています。すると一真もまた「あーあー」
と言ってニコニコご機嫌です。美幸も負けじと「一真，はいボール，ポーン」と
言ってボールを投げたり，「今度はコロコロ」と言ってボールを転がしたりして
います。そのたびに，一真はニコニコ顔で「あーあー」と声を発します。

　4歳になった美幸は，大人と同じようなおしゃべりをするようになってきてい
ます。保育所でもよく友達とおしゃべりをしているようですが，家に帰ってから
も保育所であったことや，友達のことなどを話しています。また最近は，電話す
ることが楽しいようで，時々祖母に電話をして喜んでいます。

　一真も電話のおもちゃを耳にあてて「あーあー」と言って美幸の真似をするこ
とが気に入っています。そんな一真に対して美幸は「もしもし〜一真ですか？」
などと声をかけて一緒に遊んでいる様子が見られます。

　また，食事の時には食べ物を指さして「あーあー」と声を出したりすることも
多くなり，そのたびに，美幸は「イチゴだよ。」「イチゴ好きなの？」などと声を
かけています。一行や椿も一真の声に合わせて，「マンマおいしかったよ。」とか
「もういらないよ。」などと一真の気持ちを言葉にしていました。

　そんなある日，椿が食事の支度をしていると，食卓に座って待っていた美幸が
「ママー！　今一真がママって言ったよ!!」と騒いでいます。一緒にいた一行も
「たしかに今ママって言ったな！　いや，マンマじゃないか？」と言っています。
一真は相変わらず「マンマ」とも「ママ」ともとれないような「マンマンマン
……」とくり返しています。

台所から飛んできた椿は，「ほら一真，ママって言ってごらん。」と興奮気味です。
　「マ，マ……」
　「今ママって言ったわよね」と椿は大喜び。「一行くん，ビデオビデオ！　早く早く！」と慌てています。
　一行は「くいしんぼうの一真のことだからママじゃなくてマンマだろう。」と少し悔しそうな表情をしながら，「ビデオ，ビデオ」と慌ててビデオカメラを探しています。カメラを向けた一行は「一真，マンマって言ってごらん。」と言いますが，一真は再び「マンマンマンマン」とくり返しています。
　美幸は，さっそく祖母に電話をし，「ばあちゃん，今，一真がしゃべったんだよ！」「ママって言ったんだよ！」と報告しています。一真の口に受話器を当てると一真はまた「マンマン」。
　「ママよ！」「マンマだろ。」と村上家の食卓は大騒ぎになっています。

ことばの発達

　村上家では一真が「ママ」もしくは「マンマ」と言ったと大騒ぎになっているが，子どもが意味のあることばを発することは家族が待ち望んでいることであり，大きな喜びでもある。たいてい子どもは1歳前後で意味のあることば（「初語」）を発するようになる。

　子どもがはじめてことばを発するまでに，どのような段階を経ているのだろうか。乳児と母親をはじめとする養育者との関係の中でことばの発達は徐々に育まれていく。たとえば，乳児が泣いているときには「どうしたの〜よしよし」とあやしたりする。このような働きかけが自然にことばでのコミュニケーションを促す重要な役割を持っている。

　こうした養育者などとのやりとりを通して，乳児は，2，3ヵ月が過ぎる頃「クーイング」といわれる「クークー」などというのどが鳴るような音声を発するようになる。また，7ヵ月頃になると，「あーあー」とか「マンマンマンマン」などと，一定のリズムをもつ音声を発するようになる。これを「喃語（なんご）」という。さらに，8ヵ月くらいからなんらかのコミュニケーションの意図をもち，まるで話をしているように抑揚のついた「ジャーゴン」と呼ばれる喃語が現れる。これらは成長とともにしだいに消失していく。

　エピソードでは，一真の喃語に対して一行や椿が「マンマおいしかったよ。」「もういらないよ。」などと一真の思いを代弁しようとしている。また「あーあー」と言ったことに対して美幸が「イチゴだよ」などと意味づけをおこなっている。このような周囲の人とのやりとりを通して，一真はマンマがおいしいことやテーブルの上にある赤くて小さい食べものが「イチゴ」という食べ物であることを認識していく。また，

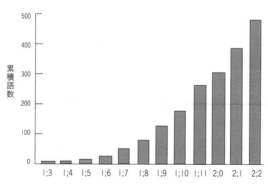

図3-1　ある幼児の累積語数
（荻野・小林，1999）

思いが通じあうことの喜びを感じていくのである。

　このように周囲の人たちとのことばのやりとりを重ねながら，1歳前後になると「マンマ」「ワンワン」「ブーブー」などという意味のあることばを発し，それを周囲に伝えようとするようになる。一語ではあっても，「マンマ（たべたい）」，「ワンワン（いるよ）」，「ブーブー（はしってる）」のように文章として機能することから、これを一語文という。周囲の人たちが生活や遊びの中でさまざまなことばを意味づけたり，代弁することで，子どもは自分の思っていることとことばの意味とを一致させ，ことばの獲得が促されるのである。

　徐々に語彙は増加し，50語あたりから急上昇するといわれる。この「語彙の爆発的増加」は1歳6ヵ月から2歳頃までに起きる（図3-1）。

　そして，子どもは，しだいに主語と述語をもった文章を話すようになっていく。これを「二語文」といい，1歳半を過ぎた頃になると，「マンマ／たべる」「ワンワン／きた」というような二語文を徐々に話すようになる。

　また，2歳頃になると，自分の感情をことばで表すことができるようになり，「イヤ」などという感情を表し，周囲の友達とのトラブルなども生まれてくる。2歳後半になると，自分のしたいことややって欲しいことなど，自分の意志をことばで伝えようとするようになる。大人からみると，「言うことを聞かない」「いじわるをして」などと否定的にとらえがちだが，それも発達の証として認める必要がある。

　3歳頃になると，個人差はあるものの，日常のやりとりや挨拶ができるようになり，おおよそ不自由なくことばを使うことができるようになる。

「おねえちゃん」って言えないの!?（一真／幼児期）

　電話口の祖母が「本当！『マンマ』って言っているように聞こえるわね！　一真！　マンマですか？」と言うと一行は「そうですよね！　お義母さん。マンマですよね。」と同意します。椿だけは「ママよ！　絶対ママ！」とゆずりません。

　美幸も「マンマだよ，マンマ。次はおねえちゃんって言ってごらん。」とはしゃいでいます。

　「おねえちゃんは無理だろう。次はパパだな。」と一行。

　「なんでママとパパだけ～？　ずるい!!」と美幸は膨れ面。「今度はおねえちゃんって言えるように教えるんだから！」と真剣な表情です。

　「一真，おねえちゃんだよ！　お，ね，え，ちゃ，ん！　言ってごらん。」と一真に顔を近づけて迫っています。

　椿は「『お，ね，え，ちゃ，ん』なんて長いことばはすぐには言えないよ。赤ちゃんはだいたい『ママ』とか『マンマ』とかからしゃべるようになるんだよ。いくら教えても言いやすいことばからしか言えないんだよ。美幸の時もそうだったんだから。」と美幸を慰めます。

　すると一真が「マンマ！」と一言。

　3人は顔を見合わせて「やっぱりマンマだね！」と大爆笑。

　「さあご飯にしましょう。一真，マンマたべようね。」と椿が声をかけて食事を始めました。一真は笑顔で離乳食を頬張ると，また「マンマンマンマン……」と言っています。

　「一真，ごはんが好きなんだね！」「本当にくいしんぼうだよね！」と美幸と一行は納得しながら食事は進んでいきました。

臨界期／敏感期

　一真が「マンマ」ということばを発したと興奮した美幸は，次は「おねえちゃんと言わせよう」とはりきっているが，椿に「そんな難しいことばは言えないよ」と諭されている。発達には，いくつかの基本的な法則があるといわれている。たとえば，発達には一定の順序があり，ようやく「マンマ」と言うことができた一真が「おねえちゃん」ということばをすぐに言えるようにはならない。

　また，発達には「臨界期」があるといわれ，課題によっては特定の時期にしか習得できないものがあり，一度習得されたものは永続性があるものの，その時期を逃すと習得できなくなるといわれていた。たとえば，言語の習得は早い時期が望ましいとされ，周囲からの言語的な働きかけがない状態で成長すると言語の習得が難しくなるといわれている。その信憑性については諸説あるが，シング牧師に保護されるまで狼に育てられたとされるアマラ（推定1歳6ヵ月）とカマラ（推定8歳）姉妹や，森の中で発見された野生児が，言語を習得することが困難であったり，なかなか二足歩行ができるようにならなかったりという話（シング，1977）（イタール，1978）なども「臨界期」を示すエピソードとして有名である。

　しかし，現在では「臨界期」というほど厳密なものではなく，より緩やかで可塑性があるものとされ「敏感期」と呼ばれている。小さいうちに「いろいろなことを習得させなければ」と躍起になってさまざまな能力をつけさせようとする親も少なくないが，子どもにとって「いまどのような経験をして何を習得することが重要か」をよく考え，極端な「早期教育」に走ることは避けなければならない。なぜなら，ある一つの能力（たとえば絶対音感）を身につけることができたとしても，その他の生活に必要な能力や情緒の発達などを促すような経験（遊び）をおろそかにしてしまっては，子どもにとって幸せとはいえないからである。

Episode
4
一真とママの一喜一憂

●● ママは僕のもの！（一真／幼児期）●●

　今日は土曜日。一行が友達と遊びに行っているので，椿は近所のママ友，まゆかとその息子の想くんを自宅に呼び，お茶しています。彼女の息子は一真と同じ保育所で一真の1歳年下の赤ちゃんです。「想ちゃんは，今，6ヵ月だっけ？　かわいい盛りよね〜。なんだかこの頃が懐かしい。ちょっと抱っこさせて。」椿は想くんを抱っこしました。「やっぱり軽いね。普段は一真を抱えているでしょ。重いのよ。もう，1歳半だしね。想ちゃんは泣かないね。」椿は想くんに語りかけました。まゆかは「想ちゃんは他の人に抱っこされても全然平気。男の人だと泣くこともあるけど，基本，人が大好きなのよ。」と言います。「あらそう。想ちゃ〜ん，一真ママもチユキチユキ〜」と椿は想くんに頬ずりしました。

　"おや？"椿は一真の様子がなんとなくおかしいのに気づきました。「どうした？　一真。」椿は一真に声をかけました。近くで一人遊んでいたはずの一真が，いつの間にか椿の足にまとわりついています。「何よ？」椿が想くんを抱いたままましゃがんで一真に近づくと，一真は勢いよく想くんの足を引っ張りました。「ダメ！　赤ちゃんにそういうことしちゃ！　いい子いい子ってするんでしょ？」椿が叱ると，一真はぐずり始めました。「一真，もしかして，妬いてるの？　もう，

や〜ね〜。」椿は，想くんをまゆかに返し，「ママは，一真のママなんだから大丈夫よ〜。」と言って，一真を抱きしめました。しばらく，一真はそのまま抱きしめられていましたが，その後すぐにおもちゃの所に戻っていきました。「あら，親子の感動シーンじゃないの？　"一真〜！"，"ママ〜！"みたいな。意外とあっさりしてるのね。」と椿は苦笑いして，おもちゃで遊ぶ一真の後ろ姿を眺めていました。

情動の分化

　情動とは，ある刺激や要求の変化によって一過性の急激な表出や自律反応系の変化を伴って生じる感情を指す（濱，2001）。われわれはさまざまな情動をもつが，誕生直後からすべての情動を備えているわけではない。情動の分化については諸説あるが，ブリッジス（Bridges, 1932）によれば，誕生時は興奮のみが存在し，そこからさまざまな情動に分化していくという。図4-1は情動が分化するおおよその月齢を示している。この後も分化は進むが，それらはこの2歳レベルの情動がもとになっているといわれる。

　ことばによる意志伝達ができない乳児は，この情動の表出によって養育者から適切な養育行動を引き出したり，養育者とコミュニケーションをとったりしている。ことばでの意志伝達が可能な年齢になると，家族をはじめ多くの人たちとのやりとりの中で自分の情動が他者に与える影響を学習し，こうした経験の積み重ねによって自分や他者の情動の調整方法や情動状態の理解など，多様な知識やスキルを蓄積していく。サーニ（Saarni, 1999）は，このような知識やスキルを情動的コンピテンスと名づけ，さまざまな場面でこれらを応用していくことで他者との関係性をうまく築けるとしている。

　ところで，幼い子どもであっても，大人の会話や雰囲気を察する能力に長けている。1歳半の一真も，椿が想を抱いたり褒めたりしている様子を見聞きして，嫉妬の情動を表出したのだろう。

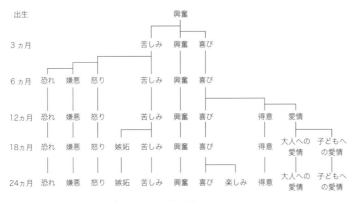

図4-1　ブリッジスの情動の分化（Bridges, 1932より作成）

● ● 怖い？　怖くない？　どっち？（一真／幼児期）●●

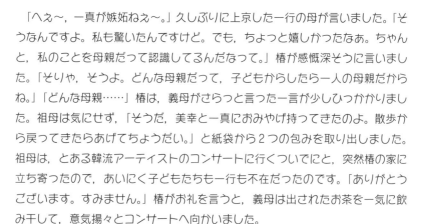

　「へぇ～，一真が嫉妬ねぇ～。」久しぶりに上京した一行の母が言いました。「そうなんですよ。私も驚いたんですけど。でも，ちょっと嬉しかったなぁ。ちゃんと，私のことを母親だって認識してるんだなって。」椿が感慨深そうに言いました。「そりゃ，そうよ。どんな母親だって，子どもからしたら一人の母親だからね。」「どんな母親……」椿は，義母がさらっと言った一言が少しひっかかりました。祖母は気にせず，「そうだ，美幸と一真におみやげ持ってきたのよ。散歩から戻ってきたらあげてちょうだい。」と紙袋から2つの包みを取り出しました。祖母は，とある韓流アーティストのコンサートに行くついでにと，突然椿の家に立ち寄ったので，あいにく子どもたちも一行も不在だったのです。「ありがとうございます。すみません。」椿がお礼を言うと，義母は出されたお茶を一気に飲み干して，意気揚々とコンサートへ向かいました。

　そして，入れ違いで一行と子どもたちが帰宅。椿が事情を説明すると，美幸は喜んで包装紙を開けました。中からは着せ替え人形が。「やったぁ！　かわいい！　見て～，ほら～！」美幸は大喜びです。一真は自分で開けられないので，一行が開けて中身を取り出しました。中からはちょっと大きめのロボットが。「電池入れるんだって。」一行は説明書を読みながらそう言って，電池を工具箱から持ってきてそのロボットに入れました。「これで，スイッチを入れると……」一行は一真の目の前でスイッチをオンにしました。予想外の大きな音とともに，突然眼が光り，ロボットの手足が動き出しました。一真は興味をひかれつつも，横にいる椿の顔をじっと見つめています。「どうした？　大丈夫だよ。」椿は一真に微笑んで言いました。一真はしばらく躊躇していましたが，ようやくロボットで遊び始めまし

た。「なんで私の顔見たんだろう？　勝手に遊んだら私に怒られるとでも思ったのかな？」椿が言うと，「そうなんじゃないの？　日ごろから，"ママに無断で何遊んでんだよ！"とか言ってるんじゃないの？　怖いね～。一真～，怖いママだね。パパが守ってやるからな～。」と一行がふざけて言いました。「失敬な！　私は優しいママです。やめてよ。」椿は先の義母の発言の件もあり，一行の冗談にもイラっとしたのでした。

社会的参照

　1歳前後になると，子どもは自力で行動決定が難しい場面で，重要な他者（アタッチメント人物など）の表情を手がかりにして行動化するようになる。これを社会的参照と呼ぶ。社会的参照が可能になるには，他者の表情の意味を読みとれなければならない。ウォーカー＝アンドリューズ（Walker-Andrews, 1986）によると，生後7ヵ月頃から，怒りや喜びのような基本的な表情を見分ける能力が確立し始めるという。

　社会的参照について，視覚的断崖（図4-2）を用いたギブソンとウォーク（Gibson & Walk, 1960）の有名な実験がある。生後1歳前後の子どもを図4-2のような台に乗せ，ガラスが透けている側に母親が立つ。子どもは底が透けて見える箇所で渡るのを躊躇するが，母親が笑顔で促すと，子どもは母親の表情を理解してガラスの床を渡って来る。同様の実験を生後6ヵ月の子どもに行うと，母親が笑顔で促しても子どもは母親のところまで渡って来ない。

　視覚的断崖実験は，断崖部で恐怖を感じる必要があるため，奥行き知覚が可能であることも前提となる。バーツら（Birch, Shimojo, & Held, 1985）によれば，生後4ヵ月齢の子どもの多くは立体視ができているという。

　今回，一真は見慣れぬロボットのおもちゃを目の前にして，"これは怖いものでないのか？"と自分で行動が決められずに，椿の表情を見て判断（社会的参照）したわけである。

断崖側
床の模様が
ガラスを通して
透けて見える

断崖の手前
模様の上に
はられた
ガラス

図4-2　視覚的断崖（Gibson & Walk, 1960）

【こぼれ話3】 なんでもかんでもイヤなのだ！〈第一反抗期〉

一真は2歳半になりました。ことばもそれなりに話せるようになり，自分がやりたいことも主張するようになりました。

ある朝，保育所に行く時刻が迫っている最中，一真は美幸のタンスからスカートを引っ張り出して，「これ，はくの！」と言い出しました。椿は，美幸の身支度の手伝いやら，保育所に持って行く荷物の準備やらで大忙しです。こんな時に限って

一真はそんなことを言い出します。「それ，お姉ちゃんのでしょ。一真のじゃないんだからスカートは穿かないの。」椿は一生懸命説得しました。それでも一真は「イヤイヤ！　はくの！」と言って，床に突っ伏してギャーギャー泣き出します。椿は徐々にイライラしていき，「ダメなの！　穿かないの！　しまいなさい！」と一真が手にしていたスカートを奪い取って，タンスにしまってしまいました。すると，一真は負けじとまたスカートを取り出します。「一真！スカートしまいなさい！」「ヤダ！」「いいから！」「ヤダ！」しばらくこのような母子の攻

防が続く中，美幸が，「一真がお姉ちゃんのスカートはくなら，一真のズボン，お姉ちゃんがはいちゃうよ。」と言いました。すると，一真はすっくと立ち上がり，美幸のスカートには未練も見せず，自分のズボンを持って，椿のところに戻ってきました。椿は，一真がズボンを穿くのを手伝いながら〝お姉ちゃん，すごいなぁ〟と感心し，急いでいたとはいえ，反抗期の一真に，真っ向からぶつかってはいけないのだなと反省しました。〝そういえば，お姉ちゃんもこんな時期あったっけ。だいぶ昔のことみたい。すっかり忘れてた。〟椿は美幸の成長ぶりにも驚きつつ，一真への対応を改めて考えるのでした。

〈解説〉

生後2～3歳頃に，大人に対して反抗的に見える言動がみられる。この時期を第一反抗期と呼ぶ。それまで養育者と自身の区別がつかない一心同体の感覚にあった子どもが，徐々に養育者とは別の存在である「自分」に気づき始め，世界が広がり，自分の力を試したいという強い欲求が生じる。その欲求はすべてが許容されるものではないため，養育者からの制止を受ける機会が増える。まだ物の道理がわからず自

己コントロールが未熟な子どもは，その制止に抵抗する。また，この頃の子どもは幼児的万能感を抱いているため，自分でやろうとすることを大人に手伝われたり，能力の未熟さゆえにやりたいことに失敗したりすると，自尊心が傷つき，かんしゃくを起こす。しかし，こうした一連の行動は子どもの自我が育っている証である。そのため，「反抗期」を呼ぶことはあまり適してないと考えられる。

　こうした行動に対して，大人が過度に抑圧すれば，子どもの主張は出現しにくくなり，その後も自分の欲求を抑えたいわゆる「良い子」になる。その代償として自我が急速に発達する思春期に，不登校や家庭内暴力などの問題行動が表出する。逆に，第一反抗期に子どもの要求をすべて受容し，子どもの好きにさせると，子どもの自己コントロール力が身につかず，我慢のできないわがままな子どもとなる。そして，いつまでも幼児的万能感を抱き続け，現実社会への適応が困難になる。

　この時期の子どもの行動に養育者や保育者がどうかかわるかによって，子どもの自己抑制や自己主張の発達の様相も変わってくる。以下の図は自己抑制と自己主張・実現の年齢的変化（男女別）であり，適切なしつけや仲間とのかかわりによってこれらの能力が発達していく。自己抑制とは自分の欲求や行動を抑制・制止しなければならない時それを抑制することであり，自己主張・実現とは自分の欲求や意思を明確にもち，これを他人や集団の前で主張する，また行動として実現することである。対人関係形成などに不可欠な社会的スキルの一つである。

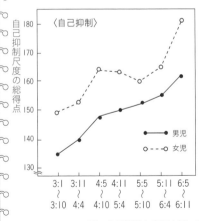
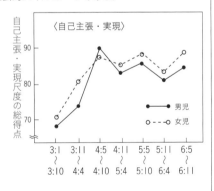

図　自己抑制と自己主張・実現の年齢的変化 （柏木，1988）

Episode 5

一真の感覚は絶対！

●● 苺が増えるマジック（一真／幼児期）●●

今日は日曜日。美幸と椿は近くのスーパーに買い物に行っています。一真は一行とお留守番。「はい，苺。」そう言って，一行は小皿に5個の苺を盛り，テーブルに置きました。一真は「もっと！　もっと苺！」と訴えます。一真は苺が大好

物なのです。「もっと？　これでいいじゃない。そんなに食べられないよ。」「もっと！　もっと！」一真は一行の説得には応じず不機嫌になりそうです。困った一行はひらめきました。「一真，これでどうだ？」一行は，先ほどより大きな皿に，間隔を広げて5個の苺を並べました。「やったぁ！」一真は喜ん

で食べ始めました。"最初とおんなじ数なんだけど，こうやると苺が増えたような気がするのかな？"一行は不思議に思いました。

以前にも同じようなことがあったのです。コップにオレンジジュースを注いであげたら，一真は「もっと！」

と訴えます。たまたま美幸が遊び半分で一真のコップから細長いコップに入れ替えてみせたところ，それだけで一真は満足して飲み始めたのでした。「一真は中身じゃなくて，見た目重視なんだな。」一行はぼそっとつぶやきました。「ん？」一真は一行を見上げました。「見た目よりも中身だ。何事も中身が大事だぞ，一真。」一行の熱い語りに対して一真はまったく耳を傾けず，苺を無心に食べ続けるのでした。

解説

ピアジェの認知発達段階

　ジャン・ピアジェ（Piaget, J.）は，ヒトの認知発達を大きく4つの段階に分け，それぞれの特徴を明らかにした（表5-1）。第一段階の感覚運動期（0〜2歳）では，感覚と運動的な活動を通して外界を認知し，自己と外界とを区別していく。つまり，反射的にあるいは意図的に物を口に入れてみたり，落としてみた

表5-1　ピアジェの認知発達段階（Piaget, 1936/1978, 1947/1989を参考に作成）

段階		年齢	特徴	関連する行動・現象
第一段階 感覚運動期	反射行使の段階	0〜1ヵ月	原始反射を行動の基盤とする。無目的な動きから徐々にリズム的な習慣的行動になっていく。	原始反射
	第一次循環反応の段階	1ヵ月〜4ヵ月	原始反射から随意運動へと移行する。自己に対する行動を試行錯誤しながらくり返す。	随意運動
	第二次循環反応の段階	4ヵ月〜8ヵ月	外界に対しても試行錯誤しながら行動をくり返す。	モノとの二項関係
	第二次シェマ整合の段階	8ヵ月〜1歳	ある行動を行うために，以前習得したシェマから行動を選択する。	物の永続性
	第三次循環反応の段階	1歳〜1歳半	目的達成のため，試行錯誤しながら新しい方法を発見する。	因果関係の理解
	心的結合による新しい手段の発見の段階	1歳半〜2歳	自分の置かれている状況を洞察して方法を考え，新しい手段を発見する。	遅延模倣
第二段階 前操作期	象徴的思考段階	2歳〜4歳	イメージが発生し，それに基づく象徴的行動が開始する。しかし，自己の個々のイメージを中心とした前概念を用いている。	言語獲得 見立て遊び・ごっこ遊び 自己中心性 アニミズム 実念論 人工論
	直感的思考段階	4歳〜7，8歳	概念化が進むが，判断は直感に依存する。知覚的に目立った特徴に左右され，一貫した論理的な操作は見られない。	
第三段階 具体的操作期		7，8歳〜11，12歳	見た目にとらわれず，具体的な事物・事象に限って論理的な思考が可能になる。	保存概念 分類概念 系列化 心の理論
第四段階 形式的操作期		11，12歳以降	抽象概念を用いた論理的な思考が可能になる。非現実的な事象でも，命題に着目した操作（二次的操作）が可能になる。	抽象概念 仮説演繹的思考

り，握ってみたりと，実際の運動とそれに対する感覚でもってさまざまな事象を認知するのである。この時期に関連する行動・事象として，原始反射（p.5参照），随意運動，モノとの二項関係（p.35参照），物の永続性（p.16参照），因果関係の理解，遅延模倣などがあげられる。

　第二段階の前操作期（2歳〜7，8歳）では，象徴的な思考が可能となる。これは，言語の使用に代表されるように，ある事象（モノ・コト）を，それとは異なるものに置きかえて考えるはたらきである。この機能により遊びの幅も広がっていく。しかしながら，非論理的で見た目にとらわれやすく，自己の視点に縛られているという特徴も有する。この時期に関連する行動・事象として，言語獲得（p.38参照），見立て遊び・ごっこ遊び，自己中心性（p.57参照），アニミズム（p.58参照），実念論（p.59参照），人工論（p.59参照）などがあげられる。

　第三段階の具体的操作期（7，8歳〜11，12歳）では，具体的な現象に限って論理的思考が可能になり，見えや自己の視点に縛られなくなる。したがって，この時期から教科教育が開始されることは理にかなっている。この時期に関連する行動・事象として，保存概念（p.76参照），分類概念（p.77参照），系列化（p.77参照），心の理論（p.79参照）などがあげられる。

　第四段階の形式的操作期（11，12歳以降）では，抽象概念を用いた論理的思考が可能になる。それにより，非常に複雑かつ多面的に物事をとらえて思考したり，あるいは，既成概念への疑念が生じたりする。この時期に関連する行動・事象として，抽象概念（p.103参照），仮説演繹的思考（p.103参照）などがあげられる。

　イチゴやオレンジジュースのエピソードは，一真が3歳時のものである。この時期は前操作期にあたり，まだ保存概念が獲得されておらず，見た目にとらわれた非論理的思考が展開されていることがわかる。密集して盛られた苺よりも，間隔を広くして並べられた苺の方が多く感じるのは，可逆性の理解ができていないことなどに由来する（つまり，間隔を広げて並べた苺も，もとに戻せば同じだということ）。また，細長いコップにオレンジジュースを入れることで量が増えたと感じるのは，相補性の理解ができていないことなどに由来する（つまり，

高さが高くなった代わりに底面積が狭くなっているということ）。どうしても，幅や高
さの変化にとらわれてしまうのである。あらたに加えたり取り徐いたりしなけ
れば，その物の量や数は変化しないという保存概念を獲得するのは，もう少し
後になってからである（p.76参照）。

●● 僕は全部知っている（一真／幼児期） ●●

　今日は，椿が保育所のお迎えに行きました。一真と美幸をピックアップし，夕飯の買い物のためスーパーに立ち寄りました。「ママ！　プリンが安くなってるよ！　買おうよ！」と美幸が大声で言いました。美幸は，賞味期限間際の商品に赤いシールが貼ってあると安いということを知っているのです。椿は「もう〜，大声で安いとか言わないで〜。」と言いながら棚を見ました。すると，プリンは３つしか残っていません。「あれ，３つしかない。パパの分がないね。」と椿が言うと，美幸は「パパには内緒で，ね。食べよう。」と言います。「そうねぇ，じゃ

あ，パパに内緒で３人で食べちゃおうか。」そう言って，椿は買い物かごに３つのプリンを入れました。「一真，パパに内緒だからね。言っちゃだめだからね。」美幸は一真にそう念を押し，そのまま，自分のお菓子を買うために，お菓子コーナーに走っていきました。すると，椿は，もう一つ別の種類のプリンを買い物かごにいれました。一真は，「また買うの？」と尋ねます。椿は，

「やっぱり，パパだけプリンなしじゃ，かわいそうでしょ。」そう言って，別の食材売り場に移動し，買い物を続けました。美幸はこのことを知りません。

　さて，夜７：30。夕飯をちょうど食べ終えた時，思いのほか早く一行が帰宅しました。これから３人でデザートのプリンを食べようと思った矢先でした。「ただいま〜！」一行は，外で夕飯を食べてきたのですが，おもむろにキッ

チンの方に入っていき，「何か甘いものないかな〜。」と棚を物色しています。美幸は一真に「プリンのこと内緒ね」と耳打ちします。一真は美幸が言っていることを理解できませんでした。"プリンはパパの分もあるのに，何を内緒にするのだろう？"そこで，一真はキッチンにいる一行に向かって大声で「パパ！　冷蔵庫にパパのプリンがあるよ！」と叫びました。すると，驚いた美幸はとっさに一真の頭を"スパコーン!!"と叩きまし

た。普段は優しい姉ですが，今回の一件では，"パパに内緒で" というワクワク感も手伝い，思わず手が出てしまったのです。もちろん，一真は大泣きです。「姉ちゃんが，ぶった〜!!」一真は泣きながら訴えました。キッチンから椿が出てきて，「もう，何やってんのよ〜。」と美幸を叱りました。そして，「一行くん，プリンあるよ。」と言って，冷蔵庫からプリンを取り出し一行に渡しました。「やったぁ！　プリン！　プリン！」一行は大喜びです。「パパの分も買ったの？」美幸は驚いて尋ねました。「うん。だってやっぱり，パパかわいそうでしょ。見てごらん，このパパの喜びよう。」椿はプリンで小躍りする一行を指差しました。「なあんだ。一真も知ってた？」一真はうなずきました。「言ってよ〜!!」自分だけ知らされていなかったことで，美幸はかなり不機嫌になっています。椿は美幸に，「ごめんごめん，言うの忘れちゃった。だって，美幸，あの後，お菓子買いに行っちゃったから。本当にごめん。」と謝りました。その一方で，一真はいまだになぜ自分が美幸に叩かれたのかまったく理解できず，こちらは未解決事件となるのでした。

心の理論　その1

　心の理論とは，置かれている状況などから相手の心的状態を察知し，その人の行動を予測したり説明したりすることを可能にする体系立った一般的なルールを指す。この概念はプリマックとウッドラフ（Premack & Woodruff, 1978）によって提唱された。その後，個人が心の理論を確立しているか否かを判別するために，ウィマーとパーナー（Wimmer & Perner, 1983）は誤信念課題を考案した。誤信念課題の一つに，サリーとアンの課題があり，これをもとに子安（1997）は，いずみさんとなつこさんの課題（不意移動課題）を作成した（図5-1）。この課題の意図するところは，「人物Aが事象Xを誤って信じている」こと，つまり，人物Aの置かれた状況から，人物Aが目の前の事実と食い違う信念をもっていることが理解できるかということである。子安（2008）は図5-1の課題において，図5-2のような正答率を示した。ウィマーとパーナー（Wimmer & Perner, 1983）も子安（2008）同様，この課題に対して3歳児は正答できず，4歳以降に徐々に正答率が高まることを実証し，その頃から心の理論が確立するとしている。ただし，

いずみさんは，人形で遊んだ後，カゴの中にそれをしまって外に出ました。

いずみさんがいない間になつこさんがやってきて，カゴから人形を出して遊びました。

なつこさんは人形で遊んだ後それを箱にしまって出ていきました。

いずみさんは，もう一度人形で遊ぼうと思って戻ってきました。

(問) いずみさんはどこに人形があると思っているでしょう

図5-1　誤信念課題
（子安，1997より作成）

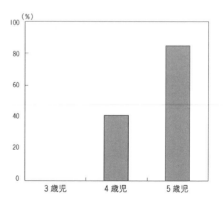

図5-2　誤信念課題の年齢別正答率 （子安，2008より作成）

誤信念課題の状況を少し変えることで
３歳児でも課題がクリアできるという
報告（Matsui, et al., 2007）もみられる。
誤信念課題には，前記の不意移動課題
のほか，だまし箱課題（たとえば，スマー
ティー課題；実際には鉛筆の入っているお菓
子の箱を，それを知らない人に見せて中に何
が入っているかを尋ねた時，その人が「お菓
子」と答えることがわかるかどうか）などがある。

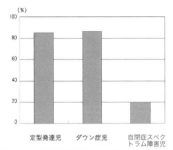

図5-3　誤信念課題の正答率
（Baron-Cohen et al., 1985より作成）

　心の理論は自閉症（自閉症スペクトラム障害）の研究においても注目されている。
バロン - コーエンら（Baron-Cohen ら，1985）は，サリーとアンの課題を自閉症スペ
クトラム障害児（言語性精神年齢５歳５ヵ月）に実施したところ，正答率は20％であっ
た。実年齢がより低い定型発達児や言語性精神年齢が自閉症スペクトラム障害児
のそれと同等かあるいはより低いダウン症児の85％以上が正答していることか
ら，自閉症スペクトラム障害児の正答率が明らかに低いことがわかる（図5-3）。
また，パーナーら（Perner et al. 1989）はスマーティー課題を自閉症スペクトラム障
害児（言語性精神年齢６歳台）に実施したところ，正答率は16％であった。ただし，
自閉症スペクトラム障害児が全く他者の心を理解できないわけではなく，こちら
も条件を整えることで，定型発達児と同じ心の動きを見せる（千住，2014）。

　ところで，一真のエピソードにもこの心の理論に関する内容が含まれてい
る。まず，椿，美幸，一真の三者がそろっている時に，「一行の分のプリンを
買わない（事象X）」という話になっていた。そして，その信念をもったまま美
幸は別の場所に行ってしまった。しかし，実際は一行の分のプリンを購入して
いる。その事実を一真は知っている（一行の分のプリンを買うことが決定された時に
美幸がいなかったこともわかっている）。夕食時における先述のエピソードがあり，
最終的に一真は美幸になぜ叩かれたのか理解していない。つまり，誤信念課題
でいうところの「人物A（美幸）が事象X（一行にプリンを買っていない）を誤っ
て信じている」ということを一真は理解できていないのである。

●● 僕が見えるものは君も見えるでしょ？（一真／幼児期）●●

　一行と一真が散歩をしていると，近所の公園でよく顔を合わせるパパ友・吉田さんに会いました。「どうも。お散歩ですか？」その吉田さんには2歳になる娘・夏子がいます。今日も，吉田さんは夏子とお散歩でした。「ええ，そちらもお散歩？　今日は比較的暖かいですからね。」そう言って，一行と吉田さんは立ち話を始めました。夏子は少し父親のそばから離れてガードレールの落書きをじっと見ていました。一真は自分のお宝を見せようと，夏子に近寄り，戦隊レンジャーの本を見せました。地べたに本を置いて開き，「レッドはね，キックが強いんだよ。」と自慢気に話します。しかし，一真は自分と面と向かった位置に夏子がいるにもかかわらず，本の向きは自分の方にむけたまま。夏子の方に本を逆さまに向けていて，夏子にとってはとても見にくい状態になっています。一行はその様子を見て，「一真！　本，逆！　逆！　夏子ちゃんの方に向けないと見えないよ～！」と少し離れたところから一真に声をかけました。しかし，一真は一行が何を言っているのか，その意味が理解できませんでした。一真は，一行の方を一度見ましたが，またそのまま夏子に逆さまに向けた本を指さし，まったく興味をもっていない夏子に熱く説明を続けています。「ブルーはね……。」

　一真が熱く語るのをわれ関せずという様子で，夏子は父親のもとに戻っていきました。一真は，「夏子ちゃん!!」と大声で呼び，遠ざかる夏子の背中を悲しそ

うなまなざしで追っています。吉田さんは「ごめんね，一真くん。」と言い，一行に「それじゃ。」と挨拶して夏子を抱いて帰って行きました。

　一行は一真に，「そんなに落ち込むな。女の子は難しいんだぞ。それにしても，夏子ちゃんに本を見せるなら，夏子ちゃんの方に向けてあげなきゃな。逆さまじゃ見えにくいだろ。」と言いました。「見えるよ！」一真には，やはり夏子の方から本が見えにくいということが理解できないようです。一行は一真を肩車しながら帰路につきました。

自己中心性

　ピアジェは，前操作期にある子どもは自己中心的であるとした（p.49，表5-1）。自己中心的といっても「わがまま」「利己的」という意味ではない。自己中心性とは，自己と他者の視点の未分化のために，自身の行為や視点を絶対的なもののようにとらえてしまうことをいう。自己中心性は中心化とも呼ばれる。

　この自己中心性を表す実験として有名なものが三つ山課題（図5-4）である。この課題は，子ども自身が座っている位置と異なる位置にいる人形からはどのような風景が見えるかを子どもに推測させるものである。子どもは，山の周囲を回ってABCDから見える風景を確認している。にもかかわらず，前操作期の子どもは人形から見える風景が自分の見ている風景と同じと答える。この課題において，人形と自分の見える風景の違いに気づくのは具体的操作期に入ってからである（ただし，子どもの生活に根差した質問に変えると正答率が上がるという報告もみられる〔たとえば，Donaldson, 1978〕。とは言え，この時期，他者の視点取得は不安定である）。上記の自己中心性は空間的な自己中心性であるが，こぼれ話4にあるアニミズムもこの自己中心性が関与している。

　一真のエピソードも自己中心性の表れといえる。自分の方に向けられた本は自分にとっては見やすい。しかし，目の前にいる夏子にとっては，一真自身の視点と異なるため見えにくい。3歳の一真は前操作期にあり，そのことを理解することが難しいのである。

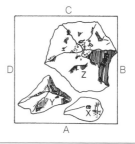

・X～Zの山の高さは約20～30cm
・刺激布置全体は1m四方の正方形

Xの山：
・最も低い
・緑色の山頂上に小さな家がある
・Bから曲がりくねった小道が見える
Yの山：
・中間の高さ
・茶色の山頂上に赤い十字架がある
・Dからこの山を流れ下る小川が見える
Zの山：
・最も高い
・灰色の山頂上は雪で覆われている

図5-4　三つ山課題
（Piaget & Inhelder, 1956）

---【こぼれ話4】 詩人一真の登場〈幼児の思考特性〉---

一真は4歳になりました。何不自由なく大人や友達とお話しできるほどことばも達者になりました。また、駆け回ったりスキップもできるほど運動能力も上がってきました。

ある日、椿の秋田の実家から荷物が届きました。ダンボールを開けると、中には庭で採れた柿がたくさん入っていました。椿も一行も美幸も「おいしそう！」と声をあげました。そのような中、一真は浮かない表情をしています。「どうしたの？　一真。」と椿が声をかけると、一真はぽつんと、「柿さん、ぎゅうぎゅうに箱に入れられて痛くなかったかな？」と言います。一同は驚きました。美幸は、「柿は食べ物だから痛くないんだよ！　変なの〜。」と一真をからかいました。さっそく食べようと、キッチンで一行が柿をむき始め、椿と美幸、一真は飲み物の準備をしました。一真は自分のコップに冷たい牛乳を注ぎました。しばら

くすると、コップの表面が曇り、一筋、ツーっと滴が流れ落ちました。それを見て一真は、「あっ！　コップが泣いてる！」と言い出しました。それを聞いた一行は、「おぉ、一真は詩人だな。コップが泣いてるときたか。」と感心します。一方、美幸は、「コップは泣かないよ。人じゃないもん。」と相変わらずクールに言い放ちます。しかし、実は、美幸も一真と同じ歳の頃、花壇の花々を見て、「このお花と、このお花はお友達なの！」などとかわいいことを言っていたのです。椿はそれを思い出しましたが、姉のプライドを守るため、黙って様子を見守っていました。

〈解説〉自己中心性のはたらきにより、無生物に対しても人間（自分）と同じように生きていて、意思があるかのように思考する傾向がある。これをアニミズムという。子どもにみられるアニミズムには発達段階がある（表1）。

また、ピアジェの言うアニミズムと類似した幼児の知覚特性としてウェルナー（Werner）の相貌的知覚があげられる。これは、無生物が感情を表出している様を知覚する傾向を意味する。床の傷を見て"床が悲しそうにしている表情"と知覚したり、割れたコップを見て"コップが痛そうにしている様子"と知覚したりする。

アニミズム以外にも、自己中心性に基づく幼児の思考特性として表2などがあげられる。

58

表1　アニミズムの発達段階 （Piaget, 1970/2007より作成）

段階	年齢	特徴	例
I	6歳頃まで	生命を活動性一般に同化。 人間に対してなんらかの役割を果たしているものは，すべて生きていると判断する。ただし，壊れているものは生きていないと判断する。	イス→人が座れるから生きている コップの水→飲めるから生きている 破れた紙→生きていない
II	6歳〜 8歳頃	生命を運動に同化。 運動している（動いている）ものは生きていると判断し，運動していない（動いていない）ものは生きていないと判断する。	走っている自転車→生きている 風に揺れる葉→生きている 駐車している自動車→生きていない
III	8，9歳〜 11，12歳頃	生命を固有運動に同化。 自発的に動いているものは生きていると判断し，人が動かさないと動かないもの（外部の力でしか動かないようにみえるもの）は生きていないと判断する。	太陽，月→生きている 川→生きている 自転車，自動車→生きていない
IV	11，12歳頃 以降	生命を生き物に同化。 動物や植物のみに生命があると判断する。	犬，猫→生きている ひまわり，桜→生きている 太陽，火，海→生きていない

表2　自己中心性に基づく幼児の思考特性

名称	特性
実在論 （実念論）	夢，思考，言語など，自分が考えたことや想像したことが実際に外界に存在すると信じ，現実と空想の世界を区別できないこと。 　例：サンタクロース，雷様などが実在するものと信じてしまう。
人工論	自然物などを含め，世の中にあるものはすべて人間が作ったものであり，それらはすべて人間のために存在すると信じること。 　例：月や山などを人間が作ったものと信じてしまう。
フェノメニズム	現実よりも見かけに惑わされること。 　例：食べ物の形をしたおもちゃを食べようとする。
知的リアリズム	見かけよりも現実に惑わされること。 　例：動物の絵を描く時に，自分から見えない足もすべて描いてしまう。

Episode
微妙な誕生日プレゼント

 一真はさっぱりした性格!?（一真／幼児期）

　一真の4歳の誕生日を控えたお正月。一真たち家族は，椿の実家に来ています。祖父と祖母は，美幸と一真の好きなごちそうを用意して待っていてくれました。久しぶりに会う祖父母に二人は大はしゃぎ。楽しい時間もすぎ，そろそろ帰ろうということになると一真は「嫌だ！もっと遊びたい。」とぐずり始めました。

　「もう帰らないとお父さんもお母さんもお仕事が始まるし，一真たちも保育園でしょ。」椿がなだめても一真は泣くばかりです。

　すると祖父は，「もうすぐ一真の4歳の誕生日だろう。誕生日にはプレゼントを持っておばあちゃんと一真の家に遊びに行くから。」と言って，一真と指切りをして約束しました。それで納得した一真は「誕生日ぜったいに来てね！」と言って，車に乗りこみました。

　翌日，祖母から電話がかかってきました。電話に出た椿に「一真あの後大丈夫だった？」と祖母。「ケロッとしてたわよ。」と椿。ちょっと拍子抜けした祖母でしたが，一真にかわってとのこと。どうやら，一真に誕生日のプレゼントに何が欲しいかを聞いているようでした。

　一真は前から欲しかった戦隊ヒーローの持っている「レンジャー剣」を頼みました。祖母は「えっ？　れんじゃーけん？？」と戸惑っています。「ヒーローの

持っている強い武器の剣だよ。」と一真。「あー武器ね。ヒーローの。」どうやら祖母にも通じたようです。

情 動 制 御

　祖父母の家から帰る時，一真は悲しくなって帰りたくないと駄々をこねるが，少し経つとけろっとして元気になっている。これは，一真が情動を自分で調節していることを示している。

　子どもは2歳くらいになると，自分の情動を表出し，負の情動の場合はそれを取り除こうとするようになる。2歳児が急にわがままになったように感じたり，「いやいや」を頻発したりするようになるのもそのためである。このように，自分の情動を自分で取り除くために，行動を起こし，情動を制御しようとしている（問題焦点型対処）のである。

　幼児後期になると，悲しかったことは大した問題ではないと納得づけるような解釈を行うようになる（再評価型対処）。一真は祖父母と楽しく遊んだあと，別れるのが辛くなり，負の感情をあらわにするが，その悲しい経験を解釈しなおし，情動の制御を行っている。そのため，いつまでも泣いているわけではなく，普通の状態に戻ることができるといえるだろう。

　中澤（2010）は情動制御の社会的要因，文化的要因を検討している。4歳児と6歳児を比較し，年齢が上がると情動の表情表出が抑制されること，また日米の5，6歳児を比較し，日本の幼児の方が，表情表出が抑制されることを示している。このように，5歳くらいになると，すでに社会的要因や文化的要因が情動制御に影響を与えていると考えられている。

●● プレゼントをもらったら…（一真／幼児期）●●

1月17日。今日は一真の誕生日です。祖父母も呼んで，一真のお誕生会をすることになりました。1年生になった美幸はもうすっかりお姉さんで，椿の手伝いをしながら誕生会の準備に大忙し。6人揃って誕生会の始まりです。一真の大好きな鶏のから揚げやサンドウイッチ，それにイチゴがたくさんのったバースデーケーキまであります。

食事を終えるとケーキの時間です。みんなで「ハッピーバースデー」の歌を歌い，一真がケーキの上の4本のローソクを吹き消します。「おめでとう!!」とみんなに拍手で祝ってもらい一真も得意気です。「ぼく4歳だね！ 今度はさくら組になるんだよ！」

いよいよ待ちに待ったプレゼントです。一行と椿からは，新しい運動靴をもらいました。徹くんがもっているのと同じかっこいいスニーカーです。「ありがとう！ これで速く走れるぞ！」と一真は大喜び。美幸からは折り紙で作ったメダルとカードです。「お姉ちゃんありがとう」。

そして祖父母からは……。包みを開けてみるとそこには「レンジャー剣」ではなく忍者の剣が……。

「ありがとう……，じいちゃん，ばあちゃん。」と一真。「よかったなー。一真，戦いごっこ好きだもんな。かっこいいな。」と一行。祖父母も喜んでいます。

なんとなく浮かない顔の一真でしたが，忍者の剣を持ってさっそくポーズを決めたり，一行をやっつけたりして遊んでいました。

情動表出ルール

　みなさんも，子どもの頃自分の思っていたプレゼントとは違うものをもらい，がっかりしつつも複雑な感情をもった経験はないだろうか。私自身も，6歳の誕生日に「クマ」のぬいぐるみを頼んだにもかかわらず，父から「サル」のぬいぐるみをプレゼントされ，戸惑ったことが忘れられない。

　一真は，「レンジャー剣」を頼んだにもかかわらず，勘違いした祖母は「忍者の剣」をプレゼントしてくれた。一真は期待していたプレゼントではなかったため内心がっかりしているのだが，せっかくプレゼントをくれた祖父母を悲しませないために，「喜んで見せる」という行動をとっている。

　このように，幼児でも，今，この場でどのような感情を表出するべきか一定のルールに沿った行動をとることがみられる。これは，それまでの経験から，「プレゼントをもらったら喜ぶ」というルールが一真の中に出来上がっており，それに基づいた感情を表出するということである。このような「プレゼントをもらったら喜ぶ」という行動はすでに4歳くらいで行っているといわれている。

　これは，プレゼントをもらった時は〈笑顔〉で〈うれしい〉ということばで表すという経験をくり返すこと，さらにはプレゼントをもらった時は〈笑顔〉を見せ〈うれしい〉という表現をすると〈喜ばれる〉という評価を受けることによって，「その文脈と表情が結びつき表出の規則が固定化し獲得」（中村，2010）されるということである。このエピソードでは，4歳の一真がすでにこのルールを獲得していることを示している。

【こぼれ話5】 はじめてのおつかい〈内言・外言〉

　「今日は，一真の友達の徹ちゃんが〈はじめてのおつかい〉に出る日よ!!」椿は夕飯の支度をしている一行に，早く食事を作り終えてテレビを見るようせかしています。幼児がはじめておつかいする場面を放映している番組に一真の友達が出演するということで，家族全員楽しみにしているのです。

　いよいよ徹ちゃんのおつかいが始まりました。徹ちゃんは，近所のパン屋さんでパンを買い，けがをして買い物に行けないおばあちゃんにパンを届けるというおつかいに挑戦するのです。「あー徹ちゃんだ！」「角のパン屋さんのおじさんだ！」一真も美幸もおおはしゃぎです。

　徹ちゃんはというと，頼まれた〈あんパン2個〉〈卵とツナのサンドウィッチ1個〉〈山型食パン1斤〉というおつかいの内容をモゴモゴと声に出しながらパン屋さんに向かっています。途中で犬の散歩をしていた近所のおばさんに会い，犬と遊んでいたら買い物の内容があやふやになった様子で，「あれ？　あんパン2個だっけ？　1個か？　わかんなくなっちゃった……まっいいか！」などとしゃべっています。また「おばあちゃん大丈夫かな？　徹が行って元気になってねって言ってあげなくっちゃ」などとも言っています。

　それを見ていた美幸が，「徹ちゃんやさしいよね。でも誰もいないのに一人でしゃべってるの？　テレビだから？」と不思議そうにしています。一行も「たしかに何にも言わなかったらこの番組成り立たないよな，やらせか!?」などと言っています。「さすがにやらせじゃないでしょ！一真も時々独り言を言ってるわよね。」と椿。

　そうこうしているうちに，徹ちゃんは無事パンを買って，おばあちゃんに届けることができました。おばあちゃんにも喜んでもらうことができ，徹ちゃんはとてもうれしそうです。家に帰った徹ちゃんはとても誇らしげな顔で「おつかいちゃんとできたよ！　おばあちゃん元気になったって！」とお母さんに報告をしています。

　「徹ちゃんすごいね。一真は弱虫だから一人ではできないよね〜」と美幸。一真は「僕だってできるよ！　今度僕もおつかいしてあげるね」と意気込んでいます。徹ちゃんのテレビ出演が一真にも刺激になったようです。

あんぱん…
？？
あ〜？

〈解説〉

　子どもが「はじめてのおつかい」という大冒険をさまざまな困難を乗り越えて達成するテレビ番組は，思わず涙ぐんだり，笑ったりしてしまうような微笑ましい番組である。

　美幸が不思議に思ったように，この番組では，子どもの「独り言」が隠しマイクで拾われている。まわりに誰もいないのに，少し心細くなってしまった心情や，自分を励ます言葉，達成しなければいけない内容などを吐露し，その内容が実におもしろい。一行の言うとおり，この発話がなければ，この番組のおもしろさも，微笑ましさも半減といったところだろう。

　一行は「やらせか？」と訝しがっているが，これはこの年齢の子どもにみられる特徴であり，ピアジェはこのような発話を「自己中心語」と呼んだ。

　また，ヴィゴツキーは他者に伝えるために声に出して発することばを「外言」，自分の考えを声に出さずに頭の中で発することばを「内言」として示した。これは，他者とコミュニケーションをとるために道具として使用したことばが，考えるための道具として使用されるようになるということである。

　この過程で，「内言」が不完全なまま声に出てしまうことが，徹ちゃんがおつかいの際につぶやいていた，幼児特有の「独り言」であるといえる。これは，声を出さずに頭の中だけで考えられるようになる過程の状態であり，徹ちゃんがテレビを意識しているわけでも，もちろん一行が疑っているようなテレビ番組の「やらせ」でもない。

Episode

新しいお友達（小学校入学）

 あわてんぼうのお友達

　一真も6歳の4月を迎え，小学1年生になりました。小さな体に大きなランドセルを背負い毎日元気に登校しています。保育所とは比べ物にならないほど多くの仲間に囲まれ，友達もたくさんできました。

　ある日の休み時間，一真が廊下で友達とおしゃべりをしていると，後ろからどーんと強い衝撃を受けました。ふり返ると同じクラスの博之が倒れています。「いててっ！　ごめん！」と謝ると，またすぐに走って行ってしまいました。

　博之は考えるよりも先に体が動いてしまう元気な男の子です。運動神経がよくサッカーの時はずっと走り続けることができます。しかし，ひとつのことに集中することが苦手で，授業中もじっとしていられません。このあいだも教室の窓からチョウが入ってくるなり，「チョウだ！」と叫んだかと思うと，そのチョウを追いかけて教室を出て行ってしまいました。対応に困った担任の山里先生が参観日に来ていた母親に家での様子を聞くと，「家でも気がつくといなくなっているときがあって困ってるんです。」とのことでした。また，整理整頓が苦手で，忘れものも多く，傘もすぐになくしてしまうので，雨の日ごとに新しい傘を買わなければなりません。学校にランドセルを忘れて帰ってきたこともありました。

　保育所では「元気な男の子」としてやってきましたが，小学校では集団行動をすることも多く，授業中は落ち着いて座っていることが求められます。さすがに博之自身も，学校で上手に過ごすことができないことに落ち込み始めました。心配した母親がスクールカウンセラーに相談すると医療機関の受診を勧められました。紹介された児童精神科に連れていくと「注意欠如・多動性障害（ADHD）」と診断され，その特徴や対応方法について教えてくれました。また，「集中力が高くなるお薬だよ。」と博之にも説明して薬が処方されました。その後，学校でも座席を黒板に集中しやすい位置に移動するなどの工夫をしてもらい，授業中も落ち着いて過ごす時間が増えていきました。

解説

発達障害（神経発達症）の種類と ADHD

　発達障害（神経発達症）とは生まれつき脳の神経回路に特性があり，独特な特徴をもつ障害である。学習面に問題が現れる知的能力障害（以前の精神遅滞）や限局性学習障害（SLD：Specific Learning Disabilities），行動面に問題が現れる注意欠如・多動性障害（ADHD：Attention-Deficit/Hyperactivity Disorder），対人関係などに問題が現れやすい自閉症スペクトラム障害（ASD：Autism Spectrum Disorders）などに分けられる。親の育て方などの環境因によって起こるものではなく，その特徴はずっと続くが，本人や周囲の理解によって実際の問題の現れ方は大きく異なる。文部科学省（2012）の調査によると，通常学級に在籍する児童の6.4％は発達障害の特徴を抱えており，1クラスに1～2人はいる計算になる。

　博之は ADHD の特徴をもった子どもである。その特徴として，注意を集中し続けることができずにすぐに気が散ってしまうなどの不注意，じっとしていられず走り回ってしまうなどの多動性，順番を待てずに他人を妨害してしまうなどの衝動性があげられる。博之の忘れ物や紛失物の多さも不注意に由来するものである。また，これらの特徴が学校や家庭など2つ以上の状況で存在し，社会的活動や学業に支障をきたしていることも診断基準となる。

　ADHD では，本人へのカウンセリングのほかに環境調整などの教育的支援が必要となる。また，ADHDの子どもは脳内の神経伝達物質の濃度が低下していると指摘されており，神経伝達物質に作用する薬物療法も効果的である。多動は成長とともに目立たなくなる人も多く，一流アスリートの中には幼少時に ADHD の特徴をもっていた選手もいる。

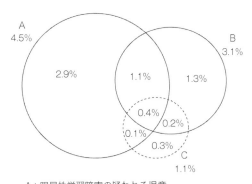

A：限局性学習障害の疑われる児童
B：ADHDの疑われる児童
C：自閉症スペクトラム障害の疑われる児童

図7-1　発達障害の疑われる児童生徒の割合
（文部科学省，2012より作成）

🔵🔵 野球博士のお友達 🔵🔵

　幸治は一真と同じ1年1組の友達です。「幸治く〜ん。パ・リーグの首位打者って誰だっけ？」という一真の質問に「昨日の時点では、バッファローズの木村選手が3割8分4厘で首位です。ちなみに2位は……」と、小学生とは思えない丁寧な口調で答えてくれます。一度スイッチが入ると一方的に話し続けるため、他の子どもたちは辟易することもありましたが、一真は幸治の「講義」が大好きでした。幸治はプロ野球選手の名前や成績もほぼすべて覚えているため、みんなから「野球博士」と呼ばれています。休み時間になると多くの男の子たちはグラウンドに遊びにいく中で、幸治はプロ野球の選手名鑑を一人で楽しそうに眺めています。

　そんな幸治にも困ったところがあり、たとえば授業中にある地名が出ると「そこは木村選手の出身地です。母校の竹若高校は甲子園で3回優勝しています……」と何分も野球の話が止まらなくなります。担任の山里先生も「今は何をする時間かな。ちゃんとしないとだめでしょ。」とやんわり注意するのですが、幸治は自分がなぜ注意されているのか理解できない様子です。さらに「山里先生の髪型は変ですね。」などと、みんなが思っていても言わないことを平気で口に出してしまいます。また予定の変更も苦手で、いつもと違う教室で授業がある時に教室にたどり着けないこともありました。

　幸治の母親に話を聞くと小さい時から集団で遊ぶのが苦手で、自分の好きなものへのこだわりが非常に強かったという生育歴が語られました。困った山里先生はスクールカウンセラーに相談すると、自閉症スペクトラム障害の特徴について聞くことができました。そのアドバイスをもとに今までは幸治を傷つけないようにあいまいにしていた指示を「幸治くん、授業中は野球の話をする時間ではありません。野球の話は休み時間に聞かせてください。」と具体的にしました。すると授業中に野球の話をすることは徐々になくなりました。

　その後の幸治の話を少し。先生たちの丁寧なサポートもあり、大きな問題もなく成長していきました。中学生になるとパソコンに興味をもち、もともと勉強が得意だったこともあり、高校は進学校に進み、その後は理系の国立大学、大学院に進学していったそうです。

自閉症スペクトラム障害とその対応

　DSM-5によって，以前の広汎性発達障害や自閉症（低機能自閉症，高機能自閉症），アスペルガー症候群はすべて自閉症スペクトラム障害（自閉スペクトラム症）にまとめられた。自閉症スペクトラム障害の特徴として，社会性の障害，コミュニケーションの障害，想像力の障害と固執傾向，極端に敏感な感覚などがあげられる。幸治は自閉症スペクトラム障害を抱えていると考えられ，授業中に野球のことを話し続けたり，山里先生の髪型を平気で指摘するなどの行動は場の空気を読むことが苦手という社会性の障害に由来しており，本人に悪意はない。また，子どもらしくない丁寧な口調や，一方的に話し続ける傾向はコミュニケーションの障害に含まれ，予定の変化に対応できないことは固執傾向のあらわれである。自閉症スペクトラム障害にもさまざまなタイプがおり，人が好きで相手に嫌がられても話し続けるなど他者と積極的にかかわるタイプ，他人とかかわろうとせずマイペースに過ごすことが好きで孤立しやすいタイプなどに分けられる。

　自閉症スペクトラム障害を抱える人の問題は周囲の理解や対応により大きく低減する。英国自閉症協会は自閉症スペクトラム障害への対応としてその頭文字をとってSPELLという基本姿勢を提案している（表7-1）。幸治も山里先生のあいまいな注意は理解できなかったが，具体的な指示は理解しやすく行動を改善できた。

　青木（2010）は自閉症スペクトラム障害の空気が読めない傾向には時代を切り拓く力が秘められていると指摘しており，実際，自閉症スペクトラム障害の特徴を抱えている歴史上の偉人や世界的な有名人は少なくない（岡田，2009）。そのため，周囲の大人には自閉症スペクトラム障害という診断名だけに振り回されずにその子どもの長所を伸ばしていく姿勢が求められる。

表7-1　英国自閉症協会（The National Autistic Society）によるSPELL

Structure	構造化する。枠組みや手順を具体的に伝える。視覚情報を利用する。
Positive	ポジティブに接する。否定的な言動を極力避け，叱らずにほめる。
Empathy	共感する。その人の考え方，振る舞いを尊重して受け止める。
Low arousal	刺激を低減する。ストレスや不安を招く感覚刺激を減らす。
Links	連携する。家族，教員，医療機関などと協力して一緒に支援する。

🔵🔵 教科書が読めないお友達 🔵🔵

　国語の授業で教科書を順番に音読している時の出来事です。一真も自分の順番を元気よく読み終わり，満面のドヤ顔で着席しました。次は後ろの席の真弓の番です。しかし，真弓は「えっと……」とことばにつまったまま泣き出してしまいました。驚いた山里先生が「どうしたの？」と聞くも，「真弓は頭が悪いから」と泣くばかりです。

　普段の真弓はおしゃべり好きな元気な女の子です。決して人前で教科書を読むのが恥ずかしくて泣いてしまったわけではありません。また，小学1年生の教科書には難しい漢字もほとんどありません。たびたび同じようなことが起こるので山里先生が真弓に詳しく聞いてみると，文章を読むことが苦手で，音読の時は，みんながどこを読んでいるのかわからなくなってしまうとのことでした。そのほかにも「は」と「ほ」，「め」と「ぬ」のようによく似た文字を読み間違えることもあり，国語は苦手でした。しかし，算数や理科などの成績は普通ですべての勉強ができないわけではありません。聞いて覚えることは得意で，音楽の時間では誰よりもはやく新しい曲を覚えることができました。

　山里先生がスクールカウンセラーに真弓について相談すると限局性学習障害（SLD）の傾向があることがわかり，限局性学習障害について書かれた本を参考にしながら指導法を工夫することにしました。たとえば教科書を音読する時は定規を横に当てて読んでいるところをわかりやすくし，読み間違いをしやすい文字

は蛍光ペンで色分けをして意識しやすいようにしました。

　さまざまな工夫をしながら勉強することで音読の時に泣き出すこともなくなりました。国語が得意になることはありませんでしたが，大きな問題もなく高校まで進学しました。高校時代は友達とバンドを組み，得意だった歌をいかしてボーカルとして活躍したそうです。

限局性学習障害と二次障害

　知的発達が全般的に遅れている知的能力障害と異なり，限局性学習障害（以前の学習障害）では全般的な知的発達に遅れはないが，聞く，話す，読む，書く，計算する，推論する能力のうち，特定のものの習得と使用に著しい困難を示す。真弓は読むことに障害のあるディスレクシア（Dyslexia：失読症）であると考えられる。視覚障害が原因ではなく，中枢神経の特性により文章を意味のある文字として認知することが苦手であり，学習においてさまざまな工夫が必要となる。

　限局性学習障害をはじめとしてすべての発達障害は本人の努力不足によって起こるものではないが，本人や周囲の理解がないと真弓のように「自分は頭が悪い」と自己評価が低下してしまう。このように発達障害の特徴が理解されないために生じる問題を二次障害と呼び，抑うつ，強い劣等感，身体症状症，対人恐怖，不登校，いじめ，ひきこもりなどが生じる可能性がある。この二次障害の予防が発達障害への支援では重要である。

　2005年には発達障害への支援の促進や専門家の確保を目的にして発達障害者支援法が施行され，学校では2007年から特別支援教育が始まり通常学級に在籍する発達障害のある子どもへの適切な指導および必要な支援が実施されるなど発達障害を抱える人への理解と支援体制の確立がすすめられている。

　発達障害を抱える子どもはさまざまな特徴を併せ持つことが多く，それぞれの障害に明確な線引きをすることは難しい。また，滝川（2003）は自閉症スペクトラム障害を認識（理解）の発達水準と関係（社会性）の発達水準の２軸で整理し（図7-2），定型発達と発達障害の差は連続性をもった相対的な発達の個人差のあらわれにすぎないとしている。そのため，どんな人も多かれ少なかれ発達障害と同じような特徴をもっており，発達障害を抱えた子どもが生きやすい社会はすべての子どもにとっても生きやすい社会であると考えることが大切である。

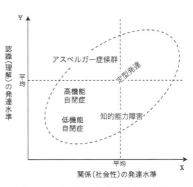

図7-2　定型発達と発達障害の連続性
（滝川，2003より一部改変）

【こぼれ話6】 「小学校って遊べないね……」
〈新しい小学校での生活〉

　一真の入学式も無事終わり，5月の連休に祖父母が遊びに来ました。食後のデザートを食べながら，祖母は，「一真，学校楽しい？」と聞きます。「うん，楽しいよ。友達もいっぱいできたよ。」と一真。「何が一番楽しい？」「うーん，給食と20分休み！」と一真は得意気です。

　少々拍子抜けした祖母は，「勉強は？　算数とか国語とか。」とさらに質問してきます。一真は「まあ，楽しいけど。」と小声で言うと，祖父のいる居間の方へ行ってしまいました。心配になった祖母は，椿に「一真だいじょうぶなの？　美幸は張り切って勉強していて5月の連休にはひらがな書いて見せてくれたりしたの……。」と言っています。椿も「そうなのよね，授業のことを聞いてもあまり話さないし……保育園の時のように毎日先生とも話ができないから少し心配で。」と不安気です。

　祖父は一真と美幸とトランプをしながら，「一真，勉強難しいだろう？」とそれとなく話をしています。「保育園では毎日いっぱい友達と遊べたけど，学校では遊ぶ時間が少ししかないからつまんないよ。それに山里先生も怒るとちょっとこわいし。」と一真。「一真は保育園の時の方が楽しかったんだよね！」と美幸が言うと「そんなことないよ，学校だって楽しいよ。」と一真は小さい声でつぶやきます。「まっ，そのうち慣れるよな。」と祖父はあっけらかんとしています。

　連休明けの5月の下旬，祖母から電話がかかってきました。一真に代わると「学校どう？　楽しい？」と祖母が聞いています。一真は「楽しいよ！　ひらがな全部書けるようになったんだよ！　今度ばあちゃんにお手紙書くね。」と元気な声です。「ありがとう，楽しみにしてるわ。」と祖母もうれしいと同時に一安心。電話を変わった椿も「最近楽しそうに勉強の話もするようになったし安心してるのよ。」とうれしそう。ようやく一真も小学校の生活に慣れてきたようです。

〈解説〉

　小学校入学を心待ちにしていた一真だったが，学校生活が始まると戸惑いも多くあったようである。幼稚園や保育所では教育・保育の基本として，子どもたちが主体的に遊ぶことを重視し，その過程で心身の発達を促すことを目的としている。したがって，日々の生活においては，子どもたちが好きな遊びをすることを重視しており，みんなで長時間同じことをしたり，決められた時間内に決められたことをしたりすることはあまり求められない。

　しかしながら，子どもたちは小学校に入ったとたん，45分間椅子に座り，先生の指示どおりに勉強をすることを求められるようになる。また，新しい先生や友達との関係を築かなければならないプレッシャーもある。幼稚園や保育所では女性の先生が多く，小学校に入って担任が男性の先生になると，違和感をもつ子どももいる。

　このような生活の変化は子どもたちにとって大きなものであり，すべての子どもがすぐに適応できるわけではない。この変化になかなか適応することができない状況のことは，「小1プロブレム」などと呼ばれている。

　私たち大人は当たり前のようにこの変化を受け入れてしまっているため，適応していない子どもの方に問題を感じ，過剰に反応しがちである。保護者にとってみても，幼稚園や保育所のように，毎日先生と情報交換をすることができないため心配や不安は大きく，子どもに学校のことを根掘り葉掘り聞き出そうとしてしまう場合も多い。その心配な気持ちがさらに子どもに不安感を与えているということもある。しかしながら，一真がそうであったように，5月の連休が明けて少しするころには，多くの子どもが新しい生活に慣れ，小学校生活も楽しくなっていくようである。

　幼稚園や保育所が遊び中心の保育を行っていることを批判し，「もっと小学校に適応できるように椅子に座って我慢することを覚えさせるべきだ」と極端なことを言う人もいるが，この時期の子どもたちにとって，座ってじっとしていられることが重要なのではない。新しいことに関心をもったり，興味や疑問をもったことを探究したり，それらを表現したりすることが，学習意欲や授業への興味にもつながるのである。

　現在では「幼保小の連携」も教育現場で積極的に行われており，入学当初における生活科を中心とした合科的な学習（スタートカリキュラム）の充実も図られ，子どもたちがよりスムーズに小学校での学習に興味をもって生活できるような工夫がされている。

Episode

5mの金魚

見た目にだまされないぞ！（一真／児童期）

　今日は土曜日。家族4人でお出かけです。美幸の希望で水族館に行くことになりました。一真と美幸は大はしゃぎで、大きな水槽を覗いたり、イルカのショーを見たりしました。そして、お昼になり、水族館内のレストランへ。一真はコーラとお子様ランチ、美幸はバナナ生ジュースとクリームパスタを注文しました。

　メインの食事を終えると、飲み物がやってきました。一真のコーラはやや縦長のコップに、美幸のバナナ生ジュースは底が広めの背の低いコップに入っていました。一行は一真に「一真、お姉ちゃんより、ジュースの量多いんじゃないのか？」と声をかけました。一真がもっと幼かった頃、コップの高さで量をごまかされていたことを思い出したのです。一真は、「姉ちゃんのは、僕のコップより、底が大きいんだから、同じくらいだよ。」と、あっさり答えました。「そ、そうだな……」と、一行は一真の成長を目の当たりにして涙ぐみました。

　そして、突然一行は、「じゃあ、クイズ！　第一問。ジャジャン！　パパのビールのグラスと、ママの湯呑と、美幸のジュースのコップと、一真のコップを背の高い順に並べて下さい！」とクイズを出題。テーブルに置かれた4つのコップの高さはすべてバラバラ。美幸と一真はわれさきに問題に答えようとします。「僕が先！！」そう言って、一真はグラスやコップを並べ始めました。美幸は仕方なく眺めています。高さだけでなく大きさもバラバラなグラスやコップを一真はいとも簡単に正しく並べました。「こんなの簡単だよ。もっと難しいクイズ出してよ。」一真は得意気に言い、両腕を頭の後ろで組んでふんぞり返りました。

　美幸は思い出したように、「さっき、大きな魚いっぱいいたよね。エイとサメがすごかったよね。」と興奮気味に言いました。魚の名前も覚えたようです。「そ

うね。大きかったね。」と椿も賛同しました。一真は得意そうに「あのね，ウツ
ボいたでしょ？　あれね，ウナギの仲間なんだよ。あとね，ウミヘビも！」と声
を大にして言いました。一行が「長いのはみんなウナギの仲間か。あの，模型で
おっきい魚いたな。何だっけ？　ああ，リュウグウノツカイだ。5ｍくらいあるっ
て言ってたな。あれもウナギの仲間か？」と尋ねると，一真は，「ちがうよ！
リュウグウノツカイはね，マンボウの仲間なんだよ！」と答えます。「あれ，マ
ンボウの仲間だっけ？　ガイドのお兄さん，そんな話してたっけ？」水族館内で，
時折，ガイドのお兄さんが説明をしてくれるのです。「マンボウの仲間だよ！」
一真の声がますます大きくなります。「へぇ〜，よく覚えてたね。一真，お魚好
きなんだね。」椿は感心しっぱなしです。
　　一行はまた突然，「じゃあ，第二問な。もしも，リュウグウノツカイがサンマ
より小さくて，サンマが金魚より小さかったら，リュウグウノツカイと金魚はど
ちらが大きい？」とクイズを出題。「え〜」といって悩んだ一真と美幸は声をそ
ろえて「そんなのいないよ！」と答えました。リュウグウノツカイがサンマより
小さいはずないし，サンマが金魚より小さいはずがないというのです。一行が
「もしもだってば，もしも！」と言っても，美幸と一真には，5ｍ以上もある金
魚なんていう非現実的な話は受け入れられないのでした。

保存・分類・系列化

　ピアジェの認知発達段階の第三段階である具体的操作期（7，8歳〜11，12歳）に入ると，前操作期（2歳〜7，8歳）までは困難であった保存課題，分類課題，系列化課題などに成功するようになる。つまり，見た目にとらわれず，具体的な事物・事象に限って論理的な思考が可能になるのである。

　保存概念（図8-1）について，たとえば，数の保存課題がある。白と赤のおはじきをA列B列のように並べ，どちらのおはじきの数が多いか，あるいは，同じかを尋ね，両列が同数であることを確認する。それを子どもの目の前で，B列のみ位置を広げて配置してB'列のようにする。その後，どちらのおはじきの数が多いか，あるいは，同じかを尋ねる。前操作期の子どもは，列の長さに視点を奪われ，「赤のおはじきの方が多い」と答えるが，具体的操作期の子どもは，見た目は変わってもあらたに加えたり引いたりしなければ数は変わらないという論理的な思考が可能になるため，「両者は同数である」と答えられる。数，液量，量，長さの保存課題のすべてにおいて，もとに戻せば最初と同じになること（可逆性），あるところが増えた時には別のところが減っていること（相補性），見かけが変わっても同じものであること（同一性）が理解できている（操作できている）ことが背景にあって，これらの課題に失敗しないのである（直観的思考から操作的思考へ移行）。なお，数の保存概念は6歳〜7歳頃，量・長さは8歳〜9歳頃，面積・重さは9歳〜10歳頃，体積は11歳〜12歳で獲得される（Piaget, 1947/1989）。

　一真のエピソード（p.48）においても，3歳の頃はイチゴの並びが広がったことでイチゴが増え

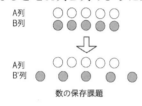

数の保存課題

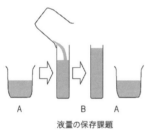

液量の保存課題

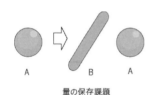

量の保存課題

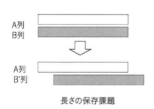

長さの保存課題

図8-1　保存課題の例

たと感じていたのは，数の保存概念が獲得されていな
かったためである。しかし，小学生の一真はすでに具
体的操作期にあるため，容器の異なるジュースの量を
比較した時に，その容器の特性（相補性）に着目して，
適切にその量を比較できたと考えられる。また，コッ
プの並べ替え（系列化：図8-2）も高さに注目して適切
に遂行できている。

　なお，このほかにも，具体的操作期では分類課題（図
8-3）にも成功できるようになる（「チューリップ＝白い
チューリップ＋赤いチューリップ」のように下位概念が上位概
念に含まれることなどが理解できる）。また，先述の自己中
心性からも脱却する（脱中心化）。

　しかし，具体的操作期における論理的思考には未熟
な点も残されている。それは，これらの思考は具体的
な事物・事象に限ったことであり，非現実的なこと，
抽象的なことについては理解が不十分なのである。そ
れらの思考については，形式的操作期を待たねばなら
ない。

　水族館のエピソードにおいても，実際に目の当たり
にしてきた5m以上もあるリュウグウノツカイが，食
卓に並ぶあのサンマより小さいはずはなく，そのサン
マが縁日で見かける金魚より小さいはずがない。5m
以上もある金魚とは，どう考えても非現実的である。
具体的な事物・事象の系列化は可能な一真も，上記の
ような非現実的な事物・事象についての系列化は困難
なのである。

図8-2　系列化課題の例

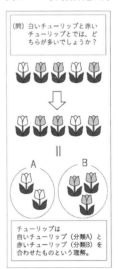

図8-3　分類課題の例

Episode
先輩の行方

●● 僕はすべてお見とおし（一真／児童期） ●●

もうすぐ4年生になる一真は小学校にもすっかり慣れてきました。そこで，かねてから一真が希望していた地域の学童軟式野球のチーム "ニュースタークラブ" に入ることにしました。野球好きな一行の影響を受け，一真は野球に夢中です。日曜・祝日になると，一真の通う小学校のグラウンドへ意気揚々と練習に向かいます。

ある日，グラウンドに行くと，中学生くらいの見知らぬお兄さんと，一真の同級生でチームメイトでもある仁が何やら話していました。お兄さんは，どうやらこのチームのOBのようです。ニュースタークラブは結成9年目のチームで，OBは時々こうして遊びにくるのです。「わかった，ありがとう。じゃあ，職員室に行ってみるよ。」先輩は仁にそう言って職員室の方へ歩いていきました。

そのすぐ後に，一真が仁のところに行くと，仁はこれまでの経緯を一真に話しました。そのお兄さんは中学3年生で，進路のことで川島監督に相談に来たのだそうです。川島監督とは，一真の担任の先生でもあり，このチームの監督でもある人です。いつも子どもたちより早くやってきて職員室に待機しているので，それを先輩に教えてあげたのだそうです。そんな話をしていると，少し経ってから同じくチームメイトの知弘がやってきて「今日は，監督が熱出たから別の監督が代わりに来るんだって。」と話しました。仁は慌てて「先輩に言ってくる！」と

走り出しました。一真は知弘にこれまでの経緯を話しました。すると知弘は「ああ，その先輩なら知ってるよ。さっき僕がここに来る途中にその先輩に会って，川島監督が今日休みだってこと伝えといた。」と言います。一真は，"あ～あ，仁は今頃，職員室に行って先輩を探してるんだろうな" と思いながら，練習着に着替えて仁が戻るのを待っていました。

心の理論　その2

　パーナーとウィマー（Perner & Wimmer, 1985）は，先述の誤信念課題（p.54）より高次の誤信念課題である二次的誤信念課題として，アイスクリーム屋課題を考案した。誤信念課題は「人物Aが事象Xを誤って信じている」ことの理解を問うものであったが，二次的誤信念課題は「"人物Aが事象Xを誤って信じている"と人物Bが誤って信じている」ことの理解を問うものである。定型発達児は6歳〜9歳にかけて正答率が上がっていく。

　先の誤信念課題と上記の二次的誤信念課題の正答率から，心の理論の発達には4歳と9歳に節目があると考えられている。

　エピソードでは，「仁は，先輩が監督は職員室にいるという誤った信念をもっているという誤った信念をもっている（実際は，先輩は知弘から監督が休みという事実を聞かされている）」ということを9歳の一真は理解している。つまり，二次的誤信念課題をクリア可能な心の理論を有していることがわかる。

① はるなさんときみえさんが公園で遊んでいました。はるなさんはアイスクリームを買いたいのですが，お金をもっていません。アイスクリーム屋さんは「今日はずっとこの公園にいるから，あとでお金をもって買いにくるといいよ」とはるなさんに言いました。

④ アイスクリーム屋さんが学校にいく途中，はるなさんの家の前ではるなさんに会いました。アイスクリーム屋さんは「公園では買う人が少ないから，学校の前に行くところだよ」とはるなさんに言いました。きみえさんは，このことを知りません。

② はるなさんは少し遊んだあと，自分の家にお金を取りに帰りました。

⑤ きみえさんは，はるなさんの家に行きました。家にははるなさんのお母さんしかいませんでした。はるなさんのお母さんは「はるなはアイスクリームを買いに行ったところよ」と言いました。

③ アイスクリーム屋さんは，ワゴン車を動かして，どこかへ行こうとしています。びっくりしたきみえさんは「おじさん，どこへ行くの？」と聞きました。アイスクリーム屋さんは「この公園では買う人が少ないから，学校の前にうつるところだよ」と答えました。

（問）きみえさんは，はるなさんがどこに行っていると思っているでしょう？

図9-1　二次的誤信念課題
（子安，1997より作成）

Episode

10 気になるお隣さん

 新しいお隣さんは子どもが6人

　村上家のマンションの隣に2階建ての一軒家があり，その様子がベランダから
よく見えます。庭には桜の木があり，春になると満開の桜を眺めるのが村上家の
楽しみでした。しばらく空き家でしたが，新しいお隣さんが引っ越してくること
になり，マンションの住民向けの説明会が開かれるとのことで椿も参加しまし
た。お隣さんは一般家庭ではなく，地域小規模児童養護施設という児童福祉施設
になるとのことです。「きりんの家」という名前で，少し離れた場所にある児童
養護施設きりん学園の分園で，小学生から高校生までの6人の子どもが生活し4
人の職員が働くと説明されました。子どもたちはみな「さまざまな理由で親と一
緒に暮らせない子ども」であり，中には親から虐待を受けた子どももいるとのこ
とでした。椿は虐待を受けた子どもと会うのははじめてであり，どんな子どもが
引っ越してくるのだろうかと少しの不安を覚えました。

　しかし，引っ越してきたのは元気な普通の子どもたちでした。道で会った時に
挨拶すると「こんにちは！」と笑顔で返してくれます。また，職員たちも明るく
元気で，きりんの家からはいつもにぎやかな笑い声が聞こえてきました。大人た
ちがいろいろと気をもんでいるのに対し，子どもたちには細かい事情は関係あり
ません。一真も同じ2年2組に転校してきた礼二とすぐに仲良くなり，きりんの
家によく遊びに行くようになりました。「ねえ，礼二くんの家って6人も子ども
がいるんだよ！　中学生の剛くんがゲームすげーうまいんだよ。もう，みんな仲
良くなっちゃった。」と屈託がありません。椿もスーパーなどできりんの家の職

員と子どもが楽しそうに買い物をしている
姿を見ると「児童養護施設」「児童虐待」
ということばを聞いて身構えてしまった自
分を少し恥ずかしく感じました。

解説　児童虐待の種類と現状

　児童虐待の問題は年々増加しており，2021年度の全国の児童相談所における児童虐待の相談件数は207659件で1990年度（1101件）の約200倍である（図10-1）。

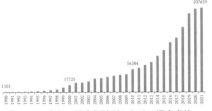

図10-1　全国の児童相談所における児童虐待の相談件数（厚生労働省，2022より作成）

　児童虐待は，①子どもの身体に外傷が生じる，または生じる恐れのある暴行を加える身体的虐待，②ことばによる脅かしや拒否的な態度など子どもに著しい心理的外傷を与える言動を行う心理的虐待，③子どもにわいせつな行為をしたり，させたりする性的虐待，④子どもに必要な養育を行わないネグレクトの４つに大別される。内容別件数（図10-2）で

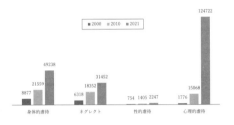

図10-2　児童虐待の内容別件数（厚生労働省，2022より作成）

は性的虐待の割合が少ないが，潜在化しており，実数はもっと多いと推定される。また，近年では，親が子どもの前で家族に暴力を振るう面前 DV が心理的虐待に含まれるようになり，心理的虐待の割合が増加している。

　虐待相談の対応では，児童相談所による面接指導がもっとも多いが，親と一緒に生活できないと判断した場合には児童福祉施設などに措置される。現在，児童養護施設の入所児童の多くが被虐待児であり，手厚い支援が必要となっている。しかし，児童養護施設の約５割が大舎制で，中には定員が100人を超える施設もある。そのため，より家庭的な環境での養育のために施設の小規模化が推進されており，「きりんの家」のような地域小規模児童養護施設が増えている。

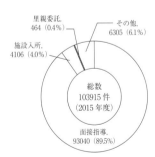

図10-3　虐待相談への対応件数（厚生労働省，2017）

●● 夜になると聞こえる泣き声 ●●

　きりんの家のまきはいつもニコニコしたかわいらしい小学1年生の女の子です。椿が挨拶をすると笑顔で返してくれます。しかし、ある日、一行と一緒に歩いている時に挨拶するとまきはさっと職員の後ろに隠れてしまいました。「ずいぶん恥ずかしがり屋さんだなぁ。」と一行は椿を見て苦笑いしました。一行に笑顔を返しながらも椿はいつもと違う様子が気になりました。

　きりんの家が引っ越してきてからしばらくたった頃です。夜になるとときどき、まきが「てめーなんか死んでしまえ！」と職員をののしる大きな声や、泣き叫ぶ声が聞こえるようになりました。椿は昼間の姿とのあまりのギャップにはじめはまきの声だとは信じられませんでした。そのたびに「大丈夫だよ。」とまきを慰める職員の声が聞こえます。

　児童養護施設には守秘義務があるため、以下の情報を椿が知ることはないのですが、実はまきはこれまで壮絶な人生を送ってきました。まきの母親は高校中退後、仕事を転々として18歳の時に知り合った男性との間にまきが生まれました。しかし、男性はすぐに行方がわからなくなり、母親はまきを育てるために夜の仕事を始めました。まきにとって夜は家に一人取り残される怖い時間だったのです。さらに、その頃母親がつきあい始めた男性が家に来るようになりました。母親の前では優しい男性でしたが、母親がいない時は夜になると泣き出すまきに殴る蹴るの暴力をふるいました。3歳の時に家の外に出されて泣いているところを近所の人に通告され、児童相談所に保護されました。母親は男性と別れるつもり

はなく、このままではまきの命が危険なため児童養護施設に入所することになりました。

　今晩もまきの泣き声と、それを抱える職員の声が聞こえてきました。椿には詳しいことはわかりませんが、きっとまきは必死にがんばっているのだと思い、「がんばれまきちゃん。」と心の中で応援しました。

児童虐待による心理的影響

　児童虐待の影響は多岐にわたり，もっとも甚大な被害は子どもの死亡である。2020年度では全国で77人の子どもが身体的虐待やネグレクト，また心中により死亡している（社会保障審議会児童部会，2022）。身体的発達も阻害され，虐待を受けた子どもの身長や体重が著しく低い場合がある。これは十分な食事が与えられなかったことによる栄養不足だけでなく，不適切な養育環境が体の成長にも悪影響を及ぼすことを示唆している。また，虐待は発達過程の脳の機能にも永続的なダメージを与えることがわかってきた（友田，2006）。

　心理的影響も大きく，奥山（1997）は虐待を受けた子どもの抱える心理問題を表10-1のようにまとめている。被虐待児は自分の欲求や感情のコントロールが苦手で，些細なことで怒りなどの衝動が表面化しやすく，またその怒りが収まりにくい。その一方でぼんやりしていて自分の感情や欲求の表現が苦手な子どももいる。「悪い子だから罰せられた」というメッセージを受けて育ったため自己評価が低く，劣等感が強いため主体的に行動できない。また，被害的になりやすいため対人関係が築けずに孤立しやすい。さらにその影響は子ども時代に限らず長期的で，他者とかかわる能力の不足，社会的孤立，乏しいアイデンティティ感，抑うつを伴

表10-1　各種虐待を受けた子どもに見られやすい心理問題（奥山，1997より改変）

身体的虐待	ネグレクト	性的虐待	心理的虐待
・生活を楽しむ能力の低下 ・夜尿・遺尿症，激しいかんしゃく，多動，奇異な行動 ・低い自己評価 ・学校での学習問題 ・引きこもり ・反抗 ・過度の警戒（凍りついたような凝視） ・強迫的行動 ・偽成熟行為 ・暴力（爆発的）	・過度の愛情希求と離れることの繰り返し ・感情の極端な抑圧 ・他者と共感する能力の低下 ・暴力 ・非行 ・一般の知的能力の低下 ・多動 ・頑固 ・偽成熟	・恐怖あるいは不安 ・抑うつ ・学校での困難 ・怒りや憎悪 ・不適切な性的行動 ・家出や非行 ・集中力の低下や空想に耽ることの増加 ・自己評価の低下（自分を汚いものと感じる） ・身体への過度の関心 ・身体症状の訴えの増加	・自己評価の低下（愛されておらず，求められておらず，自分には価値がないという感情） ・自己破壊的行動 ・抑うつ ・他者の顔色をうかがう ・激しい怒り，憎悪，攻撃性 ・孤立しやすい（他者と関わりを結べない） ・不安や恐怖 ・多動や衝動性

う自尊心の低さなどの問題が成年期以降に明確になることもある（Helfer et al., 1968）。

　児童虐待による心理的影響に PTSD（Posttraumatic Stress Disorder：心的外傷後ストレス障害）がある。PTSD は恐怖や無力感を伴う外傷的な出来事に曝露された時に生じる精神症状で①トラウマ体験が反復的，不随意的に思い出されたり，悪夢を見たりする侵入症状，②トラウマ体験についての記憶や感情，それに結びつくものを避けようとする回避症状，③過度の警戒心や集中困難が続き，睡眠障害などが生じる過覚醒症状，④トラウマ体験の想起不能や自分や世界に対する否定的で歪んだ認知，陰性感情の持続などの認知と気分の陰性変化の4群から構成される。虐待体験がよみがえり今まさに虐待を受けているような激しい反応が生じるフラッシュバックは侵入症状の一つであり，まきの場合はそれが夜になると起きていたと考えられる。また，まきが一行から隠れた行動は虐待体験を想起させる成人男性を避けたのであり，回避症状に起因している。ハーマン（Herman, 1992）は PTSD を単発のトラウマ体験による単純性 PTSD と，慢性的なトラウマ体験による複雑性 PTSD に分けており，日常の中でくり返される虐待は複雑性 PTSD であり，子どもの人格や対人関係まで歪めてしまうと指摘している。また，コルク（Kolk et al., 1996）は，長期にわたる虐待状況を DESNOS（Disorder of Extreme Stress Not Otherwise Specified：他に特定されない極度のストレス障害）と定義し，感情や注意が障害されるだけでなく慢性的な人格変化が引き起こされるとしている。

　養育者からの虐待は子どものアタッチメントも阻害し，子どもの対人関係のパターンに著しい影響を与える。反応性アタッチメント障害（反応性愛着障害）と呼ばれ，アタッチメントの形成の機会が制限されると，苦痛なときに養育者に安楽を求めず，他者に対しても最小限の対人交流と情動反応しかもたなくなってしまう。また，アタッチメントの障害は脱抑制型対人交流障害として現れることもあり，見慣れない大人に近づき交流することへのためらいの欠如や，過度に馴れ馴れしい言動や身体接触をおこなう無差別的愛着傾向がみられる。そのため，一見，その大人に強く愛着しているような印象を受ける。しかし，それは偽りのアタッチメントであり，目の前からその大人がいなくなった途端に子どもは違う大人に同様の態度を向ける。

被虐待児が援助を受けにくくさせる問題に虐待的人間関係の再現傾向がある（西澤，1999）。虐待的な環境で育った子どもは虐待的な人間関係パターンを身につけてしまい，大人から怒りや攻撃性を引き出すような挑戦的な言動をとることがある。大人がその関係に巻き込まれると苛立ちや怒りを感じ，場合によっては虐待がくり返される。また，この傾向のために援助者もその子どものもともとの性格のために親も暴力をふるったと誤解してしまう。虐待を受けた子どもは無意識に重要な大人を挑発しながら，自分を虐待する大人か本当に安全な大人かを命がけで試しているのである。まきが職員にとる攻撃的な態度はこの再現傾向のあらわれであり，援助者はその傾向に引きずり込まれることなく，虐待による影響を理解して子どもを抱えていかなければならない。

　奥山（1997）は，被虐待児の心理療法の目標として，①基本的な信頼の獲得，②共感性と対人関係の改善，③心的外傷（トラウマ）の癒し，④「愛情」と「暴力や性的かかわり」の分離，⑤自己評価の向上，⑥怒りの処理パターンの獲得，⑦虐待を招きやすい行動パターンの減少をあげている。ギル（Gil, 1991）は虐待によるトラウマを抱えた子どもの心理療法について報告し，トラウマとなった出来事をプレイセラピーの中でくり返し再現するポストトラウマティック・プレイにセラピストが介入することで，子どもが無力感を克服し，コントロール感を高め，トラウマを自己の中に再統合できるとしている。リヴィーら（Levy & Orlans, 1998）は虐待を受けた子どもの愛着障害に注目し，抱え養育過程（NHP: Holding Nurturing Process）と呼ばれる人間関係の中で安定した愛着を促進する修復的愛着療法を提案している。西澤（1999）は虐待を受けた子どもへの環境療法を提案し，①安全感・安心感の再形成，②保護されているという感覚（保護膜）の形成，③人間関係の修正，④感情コントロールの形成，⑤自己イメージ・他者イメージの修正，⑥問題行動の理解と修正を治療の柱としている。

　虐待を受けた子どもの最大のテーマは「なぜ，自分が生まれたのか」という自分の人生への問いである。援助者にはそのテーマに一生かけて向きあっていく子どもに寄り添い続ける覚悟が必要となる。

●● お母さんのもとに ●●

　まきが2年生になると母親がきりんの家を訪ねてくるようになりました。椿も
たびたび見かけましたが，高いピンヒールに露出の多い派手な服装で誰が見ても
夜の仕事をしていそうな雰囲気でした。しかし，職員が母親とまきの交流の様子
を見ていると子どもへの愛情がないわけではなさそうです。まきに暴力をふるっ
た男性とはすでに別れており，そのうちに夜の仕事もやめて，ドラッグストアで
パートを始め，見た目も落ち着いてお母さんらしくなってきました。そして，職
員との関係ができてくるとまきが小さい頃の話をするようになりました。「あの
頃はさびしかった。1人でまきのことを完璧に育てようって思ったのにうまくい
かないし，みんなが遊びに行くなかで，なんで私だけまきのことを育てなきゃな
らないのって思ったし，正直，まきがいなきゃいいのにって思ったこともあった。
でも，成長したまきの姿を見て，私もしっかりしなきゃって思うようになった
の。」涙ながらに話す母親に，職員は「はじめから完璧なお母さんなんていません。
まきちゃんと一緒に成長していければいいのではないですか。」と伝えました。

　その後，半年ほど週末は母親の家に泊まりに行き，一緒に生活するための練習を
しました。母親の前でははじめはいい子だったまきもしだいにわがままな面を見
せるようになりました。母親は落ち込みそうになることもありましたが，職員に支
えられながら乗り越えていきました。お正月に高校を中退してからほとんど帰るこ
とがなかった実家にまきを連れて帰省したところ，両親に「まきちゃんをつれて
帰っておいで。一緒に暮らそう。」と言われました。母親との交流が始まってから2
年後の春，まきは母親に引き取られ，母親の実家で生活することが決まりました。

　3月の終わりの天気のよい日。ベランダで布団を
干している椿はきりんの家を旅立つまきと母親の姿
を見かけました。まきが背負っている大きなリュッ
クには母親と暮らせる喜びとともに少しの不安も
入っているように感じました。「大丈夫。私も応援
しているからね。」椿は桜の花びらが舞い散るなか
を歩いていく母子の背中にそっと語りかけました。

解説 **児童虐待の原因と対応**

　2014年度の児童虐待の主たる虐待者は実母が52.4％と最も多く，実父の34.5％が続く（厚生労働省，2015）。また，児童虐待の起きた家庭の状況として，経済的困難のほかには，ひとり親家庭や親族・近隣等からの孤立，夫婦間の不和が上位にあがり（東京都，2005），子育てをする母親の孤立化が児童虐待の要因として推測される。まきの場合も若い母親の子育てへの支援がなかったことが児童虐待を招いたと考えられる。

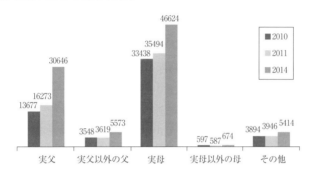

図10-4　**主たる虐待者**（厚生労働省，2015）

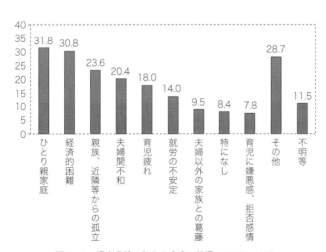

図10-5　**児童虐待の起きた家庭の状況**（東京都，2005）

児童虐待の原因として虐待の世代間連鎖があげられる。これは子ども時代に虐待を受けた被害者が親になったときに健全な子育てがわからないために，子どもに虐待を行う傾向である。被虐待児の治療では，この連鎖を断ち切ることが一つの使命となる。しかし，虐待を受けた親が必ず虐待をするわけではない。自分が虐待を受けながらも周囲のサポートを得て，きちんと子育てをしている親はたくさんいる。むしろ孤立という環境要因によって親のストレスが高まり虐待と呼ばれる関係に陥ってしまう。滝川（2006）は児童虐待の増加の原因として，子育てレベルの低下ではなく，全体として高くなった子育てレベルに届かない子育てへの社会の目が厳しくなったことを指摘しており，子育てを家庭だけに丸投げせずに社会が子育てを担う必要がある。また，妊娠と出産によるホルモンの急激な変化を原因として気分が不安定な状態になるマタニティーブルーや産後うつ病のために，生まれた子どもに対する興味や愛情が欠如してしまい虐待的な関係になってしまうこともある。この場合は母親の孤立を防ぐとともに気分障害への適切な治療が必要となる。

　その影響の深刻さを考えれば，児童虐待は予防することが第一であり，子育て家庭への訪問援助や子育て支援などを通して地域のネットワークを築き，子育て家庭を孤立させないことが求められる。また，児童福祉法第25条で「要保護児童を発見した者は，これを市町村，都道府県の設置する福祉事務所もしくは児童相談所又は児童委員を介して市町村，都道府県の設置する福祉事務所もしくは児童相談所に通告しなければならない」と定められており，児童虐待の予防は専門家だけではなく社会全体の義務である。実際，2021年度の児童相談所への虐待相談の相談経路（図10-6）においても2番目に多いのが「近隣知人」である（厚生労働省，2022）。表10-2に虐待を受けている可能性のある子どものサインを示した。なお，相談経路として警察等が最も多い理由として，夫婦喧嘩などが通報されて警察が介入した際，その場に子どもがいると面前DVによる心理的虐待として児童相談所に

表10-2　児童虐待のサイン

・不自然な傷や打撲のあと
・着衣や髪の毛がいつも汚れている
・表情が乏しい
・おどおどしている
・落ち着きがなく，乱暴になる
・親を避けようとする
・夜遅くまで1人で遊んでいる

通告されることがあげられる。

　虐待してしまう親は虐待された子どもよりも悩みが深い場合があり，その支援は困難であることが多い。虐待をする親の援助においては①決して親を批判しない，②面接の場を安全なものとする，③信頼関係を築くという基本的態度をとりながら，一方的に説得するのではなく，親としての苦悩や心配などを受け止めていく。そして，親としてではなくひとりの個人として向き合い，個人的な問題や悩みについて支援していく（佐藤，2004）。虐待をする親と聞くと鬼のような親がイメージされるが，児童虐待という問題の裏には周囲から孤立して子育てに困り疲れ果てた家族（母子）がいるという視点が大切である。

　児童養護施設ではまきのように一度は親から分離された子どもが家庭に復帰する家族再統合のための支援が始められている。しかし，親の精神疾患や経済的な問題などさまざまな困難を何重にも抱える家庭も多い中で，親と一緒に生活することだけを家族再統合の形とすると，その道は険しく，虐待が再発する可能性もある。そのため，それぞれの家族にあった家族形態を再構築していくための多面的な支援が求められる。

　児童虐待の防止と援助のためには，まきと母親の再出発を応援する椿のように児童虐待の問題を自分とは関係のないものにせず，社会全体で子どもの育ちを見守っていく姿勢が必要となる。

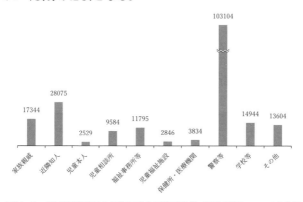

図10-6　児童相談所での虐待相談の経路別件数（厚生労働省，2022より作成）

─── 【こぼれ話7】 子どもの暮らす施設〈児童福祉施設〉───

　今日は5月5日の子どもの日。児童養護施設きりん学園では「子どもの日祭り」が開催されています。一真もきりんの家の礼二に誘われ，家族4人で遊びに行きました。きりん学園は校外の山のふもとにあり，東京とは思えない自然豊かな環境です。1年を通していろいろな行事を行っていますが，この「子どもの日祭り」が最大のイベントです。施設で暮らす子どもたちが大学生のボランティアと一緒にいろいろな模擬店を開き，ボランティアサークルが子どものための遊びコーナーを催し，ステージでは施設の高校生で結成したバンドが発表のための準備をしています。お客さんもたくさん集まり，村上家と同じような家族連れであふれていました。「こんな場所があるなんてまったく知らなかったわね。」「養護施設っていうから障害のある子どもが生活してるって思ってたけど違うんだな。」椿も一行も児童養護施設に対して，もっと暗くさびしいイメージを抱いていましたが，施設の明るく活気のある雰囲気に驚きました。そんな2人をよそに一真と美幸はにぎやかなお祭りに大興奮です。「すげー！　本場のハンバーガーだって！」と一真が駆け出した先には，在日アメリカ軍のボランティア団体が炭火で焼いた大きなハンバーガーを売っています。「みてみて！　これが100円だって！」美幸はバザーのぬいぐるみコーナーを物色しています。

　きりん学園には2歳から18歳までの親のいない子どもや親と一緒に生活できない子ども40人が入所しています。敷地内にある小舎と呼ばれる4つの建物で10人ずつに分かれて暮らしており，保育士や児童指導員が親代わりとなって子どもたちの生活を支えています。子どもたちはここから近隣の幼稚園や小中学校，高校に通っています。また，高校生になれば自立に向けてアルバイトを始める子どももいます。

　きりん学園は戦後に戦災孤児の養育のために設立された施設ですが，現在は虐待を受けた子どもの入所が増加しています。厳しい環境で育ち，多くの問題を抱えている子どもたちを支えるには，学校や福祉機関，医療機関だけでなく地域との連携が必要です。「子どもの日祭り」のような地域に開かれたイベントは，施設が地域のコミュニティとのつながりを作るために大切な役割を果たしているのです。

90

〈解説〉

　「保護者のない児童や，保護者に監護させることが適当でない児童を，公的責任で社会的に養育し，保護するとともに，養育に大きな困難を抱える家庭への支援を行うこと」を社会的養護という。2021年では全国の18歳までの子ども約2000万人のうちの約42000人が社会的養護のもとさまざまな児童福祉施設や里親のもとで生活している。これは子ども480人に1人程度の割合であり，決して少なくない。もっとも多くの子どもが生活しているのが児童養護施設であり，全国に612ヵ所あり，約24000人の子どもが在籍している。児童養護施設は「保護者のいない児童，虐待されている児童その他環境上養護を要する児童を入所させて，これを養護し，あわせて退所した者に対する相談その他の自立のための援助を行うことを目的とする（児童福祉法第41条）」施設である。かつては孤児院と呼ばれ，戦災孤児にはじまり，貧困や疾病等の理由で親による養育を受けられない子どもを保護してきたが，現在は被虐待児の入所が増加し，心理的ケアの機能が求められている。乳児院とは「乳児を入所させて，これを養育し，あわせて退院した者について相談その他の援助を行うことを目的とする（児童福祉法第37条）」施設であり，全国に145ヵ所あり，約2500人の乳幼児が入所している。現在，家庭的な養護を目指して，親と一緒に暮らすことのできない子どもの里親委託が進められているが，里親やファミリーホームに委託されている子どもは7700人ほどである。

　　情緒面や行動面に問題を抱える子どものために児童福祉施設が児童心理治療施設（2017年に情緒障害児短期治療施設から名称変更）と児童自立支援施設である。児童心理治療施設は「軽度の情緒障害を有する児童を，短期間，入所させ，又は保護者の下から通わせて，その情緒障害を治し，あわせて退所した者について相談その他の援助を行うことを目的とする（児童福祉法第43条）」施設であり，全国に53ヵ所あり，約1300人の児童が利用している。児童自立支援施設はかつての教護院であり，「不良行為をなし，又はなすおそれのある児童及び家庭環境その他の環境上の理由により生活指導を要する児童を入所させ，又は保護者の下から通わせて，個々の児童の状況に応じて必要な指導を行い，その自立を支援し，あわせて退所した者について相談その他の援助を行うことを目的とする（児童福祉法第44条）」施設である。全国に58ヵ所あり，約1100人の児童が生活している。これらの施設においても子どもの抱える問題の根底に虐待体験があることが多く，入所児への心理的ケアが必要となっている（施設数や入所児童数は厚生労働省（2022）年のデータをもとにしている）。

Episode

お友達は十人十色

学校に来なくなったお友達

　4年生になったある日の放課後です。一真は担任の川島先生に「はるみさんと同じマンションだったよな。このプリント届けてもらっていいかな。」と頼まれました。はるみは一真と同じマンションに住む女の子で，大人びた雰囲気をもった優等生でした。4年生になってから1ヵ月ほど経ちましたが，3日ほどしか学校に来ていません。学校帰りにはるみの家を訪ねましたが，プリントを渡すと「ありがと。」と言ってすぐに玄関を閉めてしまいました。暗い表情の裏には一真にはうかがい知れない事情があるようです。

　はるみの父親は弁護士，母親は美容院の店長で2人とも仕事に忙しく，はるみは両親に気を遣わせないように何でも自分でできるよい子でした。しかし，4年生になると毎朝ひどい腹痛がして学校に行けなくなったのです。心配した母親は仕事を休んではるみを病院に連れて行き，父親も仕事をはやく切り上げて帰宅するようになりました。内科で検査しても問題は見つからず，心療内科を紹介され，カウンセリングを受けることになりました。ある日の面接ではるみは次のようなことを語りました。

　ある日の夜，両親が夫婦げんかをしていて，「それなら離婚だ!!」と父親が母親に話しているのを聞いてしまい，その次の日から腹痛が始まったとのことでした。また，自分が学校を休み，親に心配をかけることで親が離婚しないようにしているとも語りました。

　カウンセラーははるみと相談し，カウンセリングに両親も来てもらい，はるみは自分の思いを両親に伝えました。それを知った両親はお互い仕事上のストレスが溜まってけんかしてしまったこと，本気で離婚する気はなかったことをはるみに伝え，さびしい思いをさせていたことを反省しました。その後，週末はなるべく休みを取り，家族3人で過ごすように心がけました。はるみは夏休み明けには腹痛もなくなり学校に来るようになりました。教室で女子と楽しそうにおしゃべりをしている姿を見て，一真もほっとしました。

不登校とシステム論

　不登校とは，登校の意志がありながら精神的・身体的に疾病がないにもかかわらず学校に登校しない状態のことである。2020年度の不登校児童生徒数は，196127人（小学生：63350人，中学生：132777人）で，2013年度から8年連続で増加しており過去最多となっている（文部科学省）。不登校の原因として，子どもの未成熟さや神経症的な性格傾向があげられるが，実際は複数の要因が互いに影響しあっていることも多く，その原因を子ども個人だけに求めることはできない。

　家族療法では個人の症状や問題は家族システムの病理を反映していると考え，家族の中で症状を出す役割を担う人のことをIP（Identified Patient）と呼ぶ。はるみの場合も両親の関係が不登校の原因となっており，子どもがIPの役を担っていた。家族療法はシステム論の影響を強く受けている。図11-1はシステムの階層性である。家族は夫婦やきょうだいなどの要素から成り立ち，その家族は上位の階層であるコミュニティの要素となっている。これらの階層が相互に影響しあっており，1ヵ所に生じた変化の影響は同一システム内に広がるばかりでなく異なる階層に及んでいく。家族システムが機能不全に陥るとある個人が症状を呈するのである。そのため治療の対象は個人ではなく家族そのものであり，家族システムに変化を生じさせるように介入していく。はるみも自分の思いを両親に伝えることで家族システムに変化が起こり，不登校の問題も解消されていった。子どもに生じるさまざまな問題の原因を子ども個人だけに求めず，家族や学校などのコミュニティの機能不全のあらわれととらえることで，その問題の理解と解決に役立つこともある。

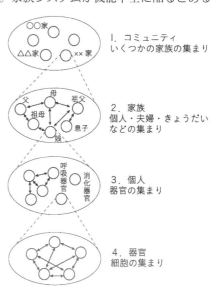

1. コミュニティ
いくつかの家族の集まり

2. 家族
個人・夫婦・きょうだいなどの集まり

3. 個人
器官の集まり

4. 器官
細胞の集まり

図11-1　システムの階層性 (伊藤，1999)

⬤⬤ ガラスのお腹をもつエース ⬤⬤

　一真の所属しているニュースタークラブのエースピッチャーは茂雄という6年生です。がっちりした体格から投げ下ろす伸びのあるストレートとコントロールのよさが自慢の本格派右腕です。しかし，ある弱点がありました。

　今日は地区トーナメントの1回戦です。あと30分で試合が始まるというのに，茂雄の姿がありません。「一真〜。うちのエースを探してこ〜い。」川島監督に言われて，探しに行くとトイレの前でうずくまっている茂雄を見つけました。「茂雄くん，大丈夫？」と声をかけると，真っ青な顔で「だめかも……また，お腹が……」とトイレに駆け込んでいきました。結局，茂雄は試合に出ることができず，控えのピッチャーが打たれて1回戦負けです。茂雄は練習のときは素晴らしいピッチングをするのですが，試合が近くなると腹痛を起こし，試合に出ることができないため，影では「ガラスのお腹をもつエース」とささやかれていました。

　精神面の問題だと考えた川島監督は茂雄を交換日記に誘い，ノートを渡して，考えていることを文章にするよう指導しました。はじめは何を書いていいかわからずその日の練習内容を羅列しただけの文章でしたが，しだいに自分の気持ちを書くようになりました。そこには「僕のせいで試合に負けたら，がんばって練習しているみんなに悪い。」など，ひとりで責任を背負いすぎている姿が浮かびあがりました。川島監督は「野球はチームスポーツであり，試合に負けてもピッチャーひとりの責任ではない。」と茂雄の負担が減るようなアドバイスを返しま

した。そんなやりとりをくり返すうちに，試合が近づくと硬くなっていた表情にも余裕がみられるようになりました。

　そうして迎えた秋のリーグ戦では練習のときと変わらないピッチングをする茂雄の勇姿がありました。「ナイス！　ピッチング！　シ・ゲ・オ！」まだまだ補欠の一真ですが応援の声は一番です。マウンド上の茂雄はその声援に応えるように帽子のつばをそっと触り，キャッチャーのミットめがけてきれいなストレートを投げ込みました。

身体症状症

　身体症状症とは，身体的異常がないにもかかわらず，痛みや吐き気，しびれ
など多くの身体的な症状が長い期間にわたって続く病気である。DSM-IV で
は身体表現性障害と呼ばれていたが，DSM-5 では身体症状症および関連症群
にまとめられた。身体症状症の他に，自分が重い病気にかかっているのではな
いかという不安にとらわれる病気不安症（以前の心気症），運動機能や感覚機能
に症状が生じる変換症（転換性障害）などが含まれている。以前は心身症とも呼
ばれており，身体疾患の中で発症や経過にストレスなどの心理社会的因子が密
接に関連し，器質的または機能的障害の認められる病態と定義される。子ども
の主な症状を表11-1 に示した。年齢によって生じやすい症状が異なり，乳幼
児には周期性嘔吐症（自家中毒），吐乳，気管支喘息，アトピー性皮膚炎，各種
消化器症状など，児童期には起立性調節障害，腹痛，頭痛など，思春期になる
と過呼吸症候群，過敏性腸症候群などがみられる（牧，2000）。茂雄の症状は神
経性下痢であり，試合へのプレッシャーが原因となっていた。

　身体症状症を抱える人がもつ感情を適切なことばやイメージで表現すること
が苦手な特徴のことをアレキシサイミアという。自分が抱えている感情をこと
ばで表現できないために身体レベルの症状として表現されるのである。多くの
子どもは自分の感情を適切なことばにすることが苦手であり，子どもの呈する
身体症状の裏にはことばにできない心の叫びがある。そのため身体症状症の援
助ではまず身体言語を読むことが大切になる。たとえば，受けとめることができ
ない現実を神経性嘔吐で語り，周囲と打ち解けられない不調和をアトピー性皮
膚炎で語る。その理解をもとにことばにならない感情を意識化していくことを
支える。茂雄も川島監督との交換
日記を通して試合へのプレッ
シャーを言語化することで下痢が
おさまっていった。大人ほどには
言葉を上手につかうことができな
い子どもは身体をつかって多くの
ことを語りかけているのである。

表11-1　身体症状症として現れる
子どもの身体疾患

起立性調節障害，心悸亢進，不整脈，頻脈，心臓
病，心因性発熱，吐き気，頭痛，偏頭痛，失神，過
呼吸症候群，周期性嘔吐症，神経性嘔吐，神経性下
痢，過敏性腸症候群，遺尿症，夜尿症，心因性視力
低下，ヒステリー性運動まひ，チック，吃音，アト
ピー性皮膚炎，慢性じんましん，円形脱毛症，抜毛
症，アレルギー性鼻炎，気管支ぜんそく，めまい，
神経性無食欲症

🔵🔴 津波ごっこが流行る 🔴🔵

　一真が４年生になる春休みに東北地方で大震災が起き，大きな津波で２万人近い人が死亡または行方不明になりました。テレビでは一真の好きなアニメやバラエティー番組も自粛され，連日，地震や津波に関する報道がくり返されました。

　今回の大地震は東京に住む子どもの心にも大きな影響を与えました。４月に学校が始まると一真の通う小学校の子どもたちに「地震ごっこ」や「津波ごっこ」が流行りました。誰かが「津波だー！　逃げろー！」と叫ぶと，みんな一斉に高いところに逃げるのです。一番逃げ遅れた子どもが次の鬼です。先生たちはその遊びに驚き，やめさせた方がいいのか悩みました。スクールカウンセラーに相談すると「自発的な遊びは子どもたちが心を癒す重要な過程なので，遊びを止めるのではなく，見守りながら〝怖かったよね〟と気持ちを伝えてあげたり，津波から安心して逃げられるように遊びを工夫してあげたりしてください。」とアドバイスを受けました。

　ある日，一真の担任の川島先生がグランドを歩いていると，１年生の男の子たちが砂場で「津波ごっこ」をしていました。砂で作った町に人に見立てた木の実を並べ，そこにバケツに入れた水を一気に流して町を破壊しているのです。その様子にぎょっとして遊びをやめさせようと思いましたが，カウンセラーの言葉を思い出し，「テレビで見た津波の映像怖かったよな。よし，津波が来ても助かるような大きな山をつくってみよう。」と伝えると，子どもたちは協力して大きな山をつくり，その上に木の実を並べました。大きな山はバケツの水にもびくともしません。「この町の人はみんなこの山に逃げたから助かったんだよ！」と満足そうに話す子どもたちの姿に川島先生もほっとしました。

プレイセラピー

　2011年３月に起きた東日本大震災では子どもが災害場面を再現する「津波ごっこ」や「地震ごっこ」も話題になった。阪神・淡路大震災の時も避難所でダンボールの家を作っては壊す「地震ごっこ」が見られた（井上ら，1998）。ウィニコット（Winnicott, 1971）は遊ぶこと自体が治療であると述べており，その遊びが安全な場所で自発的に行われていれば，傷ついた心を癒すための大切なステップだと考えられる。大人が傷ついた体験を話すことで心を癒すように，子どもは無力感とともに受動的に体験した出来事を能動的にくり返すことで，心の傷を克服し主体性を取り戻そうとする。

　プレイセラピー（Play Therapy：遊戯療法）とは，ことばの表現が十分にできない子どもを対象にした心理療法であり，表現やコミュニケーションの主な手段に遊びを用いる。図11-2のようなおもちゃが準備されたプレイルームで実施されることが多い。アクスライン（Axline, 1947）はプレイセラピーの指標として①ラポートの形成，②あるがままの受容，③許容的な雰囲気，④適切な情緒的反射，⑤子どもの主体性の尊重，⑥非指示的態度，⑦ゆっくりとした進行，⑧制限という８つの基本原理をあげており，これは心理療法の流派を超えて重視されるプレイセラピーの基本となっている。

　災害後の遊びでもプレイセラピーでも大切なことは子どもが主体的，自発的に遊ぶことである。傷ついた体験を無理に表現させるような対応は子どもの心をかえって傷つけることになる。砂場で遊ぶ１年生たちは自分たちで主体的に「津波ごっこ」をしており，その遊びに川島先生が適切に介入したことが心の回復に役立った。子どもは遊びを通して自分の気持ちを表現し，人とつながり，社会性を身につけていくのである。

図11-2　**プレイルームの例**（手前にビッグボールがあり，奥には箱庭が，引き出しの中にはままごとセットなどが入っている。窓の前に積まれているのはウレタン製のブロックであり，家などを作ることができる。）

Episode

大人の階段のぼる一真（中学校入学）

 思春期の気になる身体（一真／青年期）

　一真も中学生になりました。身長が160cm，体重55kgと小学生の頃よりだいぶ大きくなり，筋肉もついてきて，少しだけ体つきが成人男性に近づいてきました。そんなある日，クラスメイトの太一と大樹が一真の家に泊まりにやってきました。3人でゲームをしたりマンガを読んだりしゃべったりと楽しく過ごし，夕食をとり，お風呂の時間になりました。太一は「みんなで入っちゃおうぜ！」と提案しました。一真も「いいねぇ！」と同意。ところが大樹は乗り気ではありません。「俺はいいや。一人で入るわ。お前らは先入ってこいよ。」太一は「なんだよ，ノリ悪いな。」と大樹をからかいますが，大樹は真剣でした。仕方なく一人ずつ入浴することに。大樹は，太一や一真よりもかなり小柄でした。体格も華奢で小学生のようでした。このように自分の身体の発育が人より遅いことを気にしていたため，一緒にお風呂に入りたくなかったのです。大樹にとっては誰にも相談できない切実な悩みでした。

　数日後，一真と大樹が学校から帰る途中，女子の集団に遭遇しました。なんだか不穏な空気が流れています。近づいてみると，その中の一人の女子が泣いています。一真たちはゆっくり歩いたり，大樹と地面に落ちているゴミをいじったりしながら聞き耳を立てて事情をうかがっていました。「ごめんね。そんなつもりで言ったんじゃないんだ。」弁解する別の女子も泣きそうです。泣いている女子は身体の発育が良く，全体的に丸みを帯びて胸が大きいという女性らしい体つきをしているために，そのことを他の女子が指摘したらしいのです。決してからかったわけではないのですが，その子は小学生の頃から人よりも少しぽっちゃりしている体型を気にしていたのだそうです。女子の中でも一番ハキハキした直美が「あんたくらいの体型で泣いていたら，私はどうなっちゃうのよ！　ハハハ！」と豪快に笑っています。直美はマスコットキャラクターのように丸い体型で，クラスの人気者なのです。一真は小声で，「なんだ，そんなことか。」と大樹に言いました。大樹も「どうでもいいや，行こうぜ。」と少し早歩きを始めました。しかし，大樹は内心，"すこしぽっちゃりしているのなんて，別にいいじゃないか。泣く必要ないだろうよ。俺はその逆で悩んでいるのに。まったく，贅沢だ。"と思うのでした。

思春期の身体の悩み

　青年前期（思春期）に入ると，身体の発育スパートが始まる。図12-1のように，女性は男性より1，2年ほど早くそのピークが訪れる。量的側面だけではなく，図12-2のような質的変化も急速に進む。これらの成熟を第二次性徴と呼ぶ。身長・体重などの量的な発育は近年加速して絶対量も増大しつつある（成長加速現象）。また，第二次性徴の発現等，質的成熟も年々低年齢化している（成熟前傾現象）。この成長加速現象と成熟前傾現象を合わせて発達加速現象と呼ぶ。しかしながら，身体発育には個人差があり，それに対する感じ方には性差がみられる。たとえば，男性は早熟を肯定的に受け止めるが，女性は比較的否定的に受け止めやすい（齊藤，1995）。

　これらの身体的変化は，自己に目を向ける契機になる。思春期になると自分の容姿や友人が自分をどのように見ているのか，どう思っているのかが気になりやすい。また，「自分を理解してくれる人は誰もいない」といった孤独を味わうこともある。自分という人間がわからなくなったり，生きる意味を見出せなくなったりもする。心身ともに不安定な時期であるが，これらは着実に大人へと向かっている証なのである。

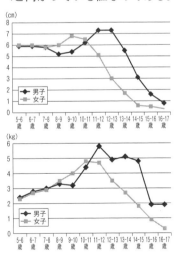

図12-1　**身長体重の年間発育量**（上：身長，下：体重）（文部科学省　平成30年度学校保健統計より作成）

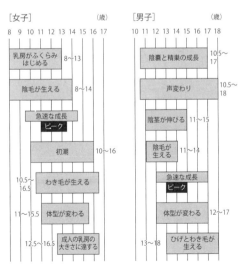

図12-2　**第二次性徴の様相**（MSDマニュアルを参考に作成）

●●●　解説：思春期の身体の悩み　　99

【こぼれ話8】 俺らいつまでも親友だぜ！
〈青年期の友人関係〉

　中学校では，一真は学校の野球部に入り，毎日練習に励んでいます。小学校時代は別の小学校に通っていた学童軟式野球チーム"ニュースタークラブ"のメンバーだった仁や知弘も同じ中学になり，同じ野球部に入っています。友人も多く，勉強もそこそこできる一真ですが，悩みはいろいろありました。"あ～あ，俺，将来どうなるんだろう？　野球は楽しいけど，今の成績じゃプロ野球選手にはなれないだろうしなぁ。"将来のことを考えると，今自分が何をしなければならないのかわからなくなるのでした。それだけでなく，"仁も知弘も俺と仲良くしてくれているけれど，本当に俺のことわかってくれているのかな？　そもそも，俺ってどういう人間なんだろう"一真は自分という人間がどういう人間なのかわからなくなり，なんとなく不安な気分になっていました。

　そんなある日，仁が一真の家に遊びに来ました。二人でTVゲームをしていると，ふいに仁がTVに顔を向けたまま話し出しました。「俺さ，一真と友達になれて良かったと思ってんだ。ほら，俺，いろいろいい加減なとこあるだろ。遅刻したりさ，宿題忘れたりさぁ。そういう時，一真は一緒に先生にごまかしてくれたりするじゃん。でもさ，俺が，知弘に"これは内緒な"って言われてたこと一真に話したら，めちゃくちゃ怒ったじゃん。"なんで内緒だって言われてることを俺に言うんだ！俺はそういうの嫌いだ。"ってさ。そういうふうに，なんていうか……人間としてやっちゃダメなことはダメって言ってくれる奴が友達で良かったなって。」突然のカミングアウトに，一真は「え？」とことばをつまらせました。すると，「アハハハ，真面目なこと言っちゃったぜ！　忘れろ忘れろ～。」仁は笑ってごまかしました。

　一真は，自分という人間がどういう人間なのか，ほんのちょっとだけわかった気がしました。そして，仁とは生涯親友でいたいと思うのでした。

〈解説〉　青年期の友人関係は，自己概念の形成や社会化などに大きな影響を与えたり，精神的安定化を図る上で重要な機能を担っている。宮下（1995）は，青年期の友人の意義を①自分の不安や悩みを打ち明けることにより，情緒的な安心感が得られる，②友人関係を通して自分の長所や短所に気づき内省することで自己を客観的に見つめることができる，③人の優しさに感動したり傷つけ傷つけられた経験を通して，良いこと悪いことや思いやり，配慮といった人間関係を学べる，としている。

　また，落合・佐藤（1996）は，青年期の友達とのつきあい方として，①本音を出さない自己防衛的なつきあい方，②誰とでも仲良くしたいというつきあい方，③自分に自信をもって交友する自立したつきあい方，④自己開示し積極的に相互理解しようとするつきあい方，⑤みんなと同じようにしようとするつきあい方，⑥みんなから好かれることを願っているつきあい方，という6種類を抽出し，人とのかかわり方に関する姿勢（積極的・深い―自己防衛的・浅い）と自分がかかわろうとする相手の範囲（全方向的・広い―選択的・狭い）の2次元からなる4パターンを示した。そして青年は発達とともに，「浅く広い→深く狭い」という友達とのつきあい方に変化していくとした。

　ところで，現代青年の対人関係は変容してきたと言われることも少なくない。しかし，岡田（2016）の1989年～2010年の分析によれば，若干の変容は見られるものの，青年の全体像としては，「軽躁的友人関係（楽しい雰囲気になるようふるまう，ウケるようなことをする）」「傷つけ合うことを避ける友人関係（友達を傷つけないようにする，友達から傷つけられないように振る舞う）」「評価懸念を中心とした友人関係（友達からどう見られているか気にする，あたりさわりのない会話ですませるなど）」といった観点について，ほぼ安定した値で推移しているという。

　ただし，他者の視線のプレッシャーに圧倒され逃避する「ランチメイト症候群」，傷つけ合うことを避けて円滑な関係を維持する「気遣い・群れ」，様々な自己を分離させておくことで他者からの視線に傷つくことから防衛する「多元的自己」，他者から傷つけられることを恐れず関係を持つ「内面的・個別的関係」，他者からの評価を気にせずに自己愛的になれる「仮想的有能感」，他者からの視線・評価の圏外に撤退し，誇大的な自己が露呈しないよう防衛する「ふれ合い恐怖的心性」を示す青年も存在する（岡田，2011）ようである。

●● 賢くなった一真（一真／青年期）●●

　一真は野球の練習に明け暮れながらも，家に帰って時間があるときは大好きな音楽を聴いています。J-POP が好きで，周りに人がいないといつも口ずさんでいます。一真はふと，自分の好きな曲のフレーズにある〈愛が溢れてる〉の意味を考え始めました。"〈愛が溢れる〉ってどういうことだろう？　そもそも，〈愛〉って何だろう？　〈恋〉とは違うのか？　〈恋が溢れる〉って言うより〈愛が溢れる〉って言う方がしっくりくるよなぁ。愛の方が溢れやすいのか？　ということは，愛の方が量が多い可能性がある。量だけじゃなくて，濃さもあるのかもしれない。好きだっていう気持ちがすごく多くて濃くて……とにかくすっごく好きなことが愛なのかもしれない。だから，その愛が溢れるってことは，物凄いことなんだろうな。"一真はあれこれ論を立てて，自分なりの〈愛が溢れる〉の意味にたどり着きました。

　ある日，一真が帰ると，テーブルに手紙が置いてあることに気づきました。一真は仕方なく近所のスーパーに出かけました。所持金1000円のうち，400円は苺を買うことに決めました。残り600円です。"冷蔵庫に豚肉があったから，明日は野菜炒めを作ってもらうこととして……，えっと野菜野菜。ブロッコリー100円，長ネギ120円，ニンジン150円，タマネギ170円，白菜180円，キャベツ210円。3，4種類買えるな。"一真は600円でできるだけ釣りのないようにする組み合わせを考え始めました。"単純に安いのから足していくと，ブロッコリー＋長ネギ＋ニンジン＋タマネギ＝540円だろ。あと，60円余っているから，ブロッコリー＋長ネギ＋ニンジンの組み合わせはそのままにして，タマネギを白菜に替えると560

円で40円余る。白菜をキャベツに替えると580円で20円余る。じゃあ，ブロッコリー＋長ネギ＋タマネギの組み合わせはそのままにして，ニンジンを白菜に替えると580円で20円余る。ニンジンをキャベツに替えると，600円ジャストだ！"一真は意気揚々とレジに並び，1000円を出しました。"ピッタリのはず"とワクワクしているとなぜか50円のお釣り。苺が50円引きだったのでした。盲点。

> Dear 一真
> おかえりなさい。お母さ
> ～，今日帰りが遅くなる
> けど，明日の一真のお
> 弁当のおかずが足りませ
> ～。スーパーで，おかず
> になりそうなもの，適当
> に買ってきてしてください。
> 　　　　美しすぎる母より

抽象的思考

　ピアジェの認知発達段階の第四段階でもある形式的操作期（11，12歳以降）に入ると，具体的操作期（7，8歳〜11，12歳）までは困難であった抽象的思考（形式的操作）が可能になる。たとえば，ある仮説の経験的な真偽に関係なく，その仮説に基づいて論理的に推論し結論を導き出すこと（仮説演繹的思考）や，具体的な事物・事象と切り離した言語や式を用いて推論し結論を導き出すこと（命題的思考）などができるようになる。さらに，ある事柄について可能な組み合わせを系統立てて推論し，結論を導き出すこと（組み合わせ思考）もできるようになる。

　先述のエピソード（p.75）にあった「もしも，リュウグウノツカイがサンマより小さくて，サンマが金魚より小さかったら，リュウグウノツカイと金魚はどちらが大きい？」は仮説演繹的思考ができないと回答が困難である。つまり，「リュウグウノツカイがサンマより小さい」と「サンマが金魚より小さい」は経験的には正しくない。しかし，その事象が現実的か否かは別として，そのような仮説を前提として考えた時に，「リュウグウノツカイと金魚はどちらが大きいか」の結論を導き出さねばならない。また，頭の中で，命題A∧命題B⇒命題Cという命題操作の遂行が必要となる（命題A：「リュウグウノツカイ」＜「サンマ」，命題B：「サンマ」＜「金魚」，命題C：「リュウグウノツカイ」＜「金魚」）。

　左記のエピソードは，愛という抽象的な事物・事象についていくつかの仮説を検証しながら結論を導き出しており，一真が形式的操作を行っている様子がうかがえる。さらに，買い物のエピソードについても，ブロッコリーと長ネギとニンジンの組み合わせを統制して，タマネギを白菜やキャベツに入れ替えて全体の値を検証し，次にブロッコリーと長ネギとタマネギの組み合わせを統制して，ニンジンを白菜やキャベツに入れ替えて検証するといった系統立った組み合わせを用いて推論している（組み合わせ思考）。中学生になった一真は，形式的操作が可能になったのである。ただし，文化・階層等により，青年期であっても全員が形式的操作を遂行できるとは限らない（Shayer & Wylam, 1978）。

母親がうるさい！（一真／青年期）

一真も，そろそろ高校受験について考える時期になりました。毎日，力を注いでいた野球も引退。本格的に受験勉強を始めなければなりません。一真は，自分が将来どのような職業についたらよいのか，まったくみえません。"野球は続けたいけど……。どの高校がいいだろう。井上先生は浅越高校を勧めてくれるけど，あそこは，もうちょっと成績上げないといけないんだよなぁ。"他の友人はもう少し前から自分の志望校を決めていましたが，一真は野球漬けの毎日で，あまり進路のことを考えておらず，今になって迷っています。

そんなある日，一真が音楽を聴きながらあれこれ考えていると，椿が一真の部屋をノックしました。「ちょっといい？　高校のことなんだけど……。ほら，この間，保護者面談があったでしょ。井上先生と話をしてね，先生が一真には浅越高校がいいんじゃないかって言うのよ。もうちょっと勉強したら行けるって。あそこは家からも結構近いし，お母さんの友達の息子もそこの高校卒業してて，結構良かったって言ってるのね。」椿は，一真に気遣いながら言います。「で，何？」一真はきつい口調です。「一真はどの高校に行こうと思ってるのかなって。この間お母さん聞いた時，まだわからないって言ってたでしょ。そろそろ決めないと，もうそんなに時間ないじゃない。にくんのお母さんに会った時も，にくんはもう決まったって言ってて。もし，浅越高校行くなら，塾に通うのもいいかなと思って。」一真は大きくため息をついてみせました。そして，「他人がその高校を良いって言ってても，俺にとって良いかどうかわからないんじゃないの？　人それぞれなんだから。それに，にが進路決まったことと俺の進路と何が関係あるの？にが決まったら，俺も決めなくちゃいけないわけ？　そもそも，高校は義務教育じゃないじゃん。行かなくたっていいんだよ。」一真は，椿のことばに一つひとつ噛みついて，理路整然と反論するのでした。

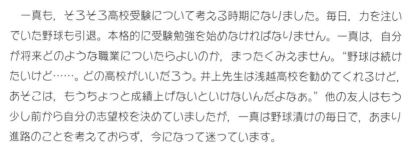

翌年，一真は見事，浅越高校に合格。高校生としてスタートを切るのでした。

第二反抗期

　青年期になると，これまでのような親への依存状態から脱却し自立の衝動が生起する。ホリングワース（Hollingworth, 1928）は，こうした青年期にみられる家族からの心理的自立を生理的離乳との対比で「心理的離乳」と呼んだ。落合・佐藤（1996）は表12-1のような心理的離乳の過程がみられるとしている。しかし，この時期，親の援助なしですべての責任を果たしたり意思決定することは難しく，親への依存と親からの自立の欲求の狭間で葛藤が生じやすい。

　また青年期は，不安定で情緒的混乱の激しくなる時期でもある。この時期をホール（Hall, 1904）は「疾風怒濤の時代」と呼んだ。この精神的な不安定さの理由の一つに認知的発達があげられる。先述の通り，青年期は形式的操作期にあたり，物事を多面的にとらえたり，推論したり，抽象概念を扱えるようになる。そのため，これまでは当然視してきた親の意見や態度に対して疑問や葛藤を抱いたりするようになる。また，時間的展望（ある時点における心理学的過去，未来への見解の総体（Lewin, 1951/1979）。いわゆる「見通し」のこと）の獲得に伴い未来に対して期待のみならず不安をも抱くようになる。理由の二つ目には急激な身体的変化があげられる。この変化は自己への関心の高まりや安定した自己の揺さぶりを生起させる。また，自分の容姿に対して悩んだり人目を気にして，周囲の発言や態度に過敏になる。三つ目には社会的立場の変化があげられる。義務教育終了に伴う将来の選択は自己責任も大きく，上述の時間的展望の獲得ともあいまって不安をもたらす。落合・佐藤（1996）は，この心理的離乳について5段階過程仮説を示している。

　こうした依存と自立の葛藤，急激な変化に伴う精神的不安定さが，反抗的態度といった攻撃的な形で表出されるのである。これが第二反抗期である。

　ただし，青年期であっても，こうした反抗的態度が表出しない青年もいる。それは自立の遅れとして問題視されがちであるが，中には，親子関係が良好であるために表出しないケースもあり（福田, 2016a；福田, 2016b），子どもの発達に合わせた対応が取れた家族の子どもは，平穏な自立の過程をたどることができるという説も示されている（例えば，Douvan & Adelson, 1966；Fogelman, 1976）。

Episode

13 心配な友人たち（高校入学）

●● 高校デビューした友人 ●●

　「マジで!?　ちょーウケるんだけど〜！」今日も１年Ａ組の教室にさゆりの甲高い声が響きわたります。さゆりは一真と同じ中学校の出身です。中学の時はどちらかといえばおとなしく地味な女子でしたが，高校１年の６月くらいからクラスの派手なグループと一緒に行動するようになり，夜な夜な繁華街にくり出しているようです。そのうち，あまりのテンションの高さにクラスの女子はついていけなくなり，最近では他校のグループともつきあいがはじまりました。「これが高校デビューってやつか。」と一真はひとり納得していました。さゆりは「今日もオールでカラオケ行っちゃう!?」とノリノリです。

　そんなさゆりでしたが秋ぐらいになるとめっきり元気がなくなり学校も休みがちになりました。担任の品川先生が心配して家庭訪問し，母親に話を聞くと「夏休みのころはほとんど寝ないで遊びまわっていたのですが，最近はベッドからも出られない日も多くて。とくに朝がつらいみたいなんです。夕方には元気になって明日こそ学校にいくと言うこともあるんですが，やっぱりだめで……。食欲もなくて，本当かどうかわからないけど，もう死にたいって言い出すこともあるし。」とさゆりの変化に戸惑っていました。ひさしぶりに会ったさゆりは体重が

かなり減ったようでやつれた印象です。また，体は疲れているのになかなか眠れないということで憔悴しきった表情をしていました。

　品川先生がさゆりのことを養護教諭に相談すると精神科の受診を勧められました。母親と一緒に養護教諭に紹介された精神科を受診すると双極Ⅰ型障害（躁うつ病）であると診断され，抗うつ薬が処方されて２学期は休学することになりました。その後，薬物療法を続けながら３学期には学校にも来るようになりました。まだ，ときどき気分の波はあるようでしたが，生活は安定し，高校も無事に卒業しました。

うつ病と双極性障害

　一般にうつ病，躁うつ病と呼ばれる症状が，DSM-Ⅳ では気分障害にまとめられていたが，DSM-5では双極性障害および関連障害群と抑うつ障害群に分けられた。双極性障害には躁病エピソードと抑うつエピソードをもつ双極Ⅰ型障害と軽躁病エピソードと抑うつエピソードをもつ双極Ⅱ型障害などが含まれる。抑うつ障害群には抑うつエピソードのみをもつうつ病（大うつ病性障害）の他に，激しい易怒性をもつ子どもの抑うつ障害を診断するための重篤気分調節症などが加えられた。抑うつエピソードの診断基準は①ほぼ毎日の抑うつ気分，②すべての活動における興味の減退，③食欲の低下と体重減少（または食欲と体重の増加），④不眠（または過眠），⑤焦燥感，⑥易疲労性，⑦不適切な罪責感，⑧思考力や集中力の減退，⑨死についての反復思考や自殺企図である。躁病エピソードの診断基準は①自尊心の肥大，②睡眠欲求の減少，③普段より多弁になる，④観念奔逸，⑤注意散漫，⑥目標指向性の活動の増加，⑦困った結果になる可能性が高い快楽的活動への熱中である。抑うつ障害群や双極性障害は6人に1人が罹患する身近な精神病理であり，若者の罹患率も成人と変わらず，とくに思春期女子の罹患率が高い。決して怠けているわけでも，気のもちようで治るわけでもなく，身体病と同じように扱う必要がある。また，その症状として自殺に至ることもあり，早期の治療が求められる。治療に必要なことは休養と服薬である。気分障害の原因として脳のシナプスにあるセロトニンなどの神経伝達物質の異常が指摘されており，神経伝達物質に働きかける抗うつ薬が有効である。しかし，適切な休養をとらずに服薬のみしていても治療効果が上がらないこともあり，しっかりと休養するためには周囲の理解が必要となる。また，近年，うつ病患者の認知の歪みに焦点をあてる認知行動療法（CBT：Cognitive Behavioral Therapy）の効果も注目されている。

　抑うつ状態の時は精神病理であると認められ医療につながりやすいが，躁状態の時は精神病理であると気づかれにくい。野村ら（1999，2000）は双極性障害と少年非行の関係を論じており，躁状態の時に夜遊びを続けたさゆりも非行の一歩手前であった。彼らにとって必要なのは双極性Ⅰ型障害の治療であり，そのためには適切な診断が求められる。

●● 突然わけのわからないことを言う友人 ●●

　一真と同じ1年A組の直樹はおとなしく目立たない生徒でしたが、一真が両手いっぱいに荷物を持って教室に入ろうとすると、無言ではあるもののドアを開けてくれるような優しい面も持ち合わせていました。2年生でも同じクラスになりましたが、その頃からいっそう無口になり、クラスの誰ともことばを交わさなくなり、中位くらいであった学力も下がり始めました。また、しばらく散髪していないようで髪はボサボサに伸び、寝癖をつけたまま学校にくることもありました。品川先生も心配して「何か悩みでもあるのか？」と声をかけましたが、「別に」ととくに反応もないため思春期の悩みだろうと考えてあまり深入りせずに見守ることにしました。

　そんなある日の授業中です。突然、直樹が立ち上がったかと思うと後ろの席に座っている一真の方を見て「俺のことを笑うな！」と大声で叫んだのです。笑うどころか一真は話すらしていません。品川先生が落ち着くよう伝えましたが、直樹の興奮は収まらず、「この教科書には悪のことばが書かれている」などわけのわからないことをつぶやきながら教科書を破り始めました。一真はその様子をポカンと見ていることしかできません。品川先生が直樹を保健室に移動させ、養護教諭が親に連絡しました。

　その後、親が精神科を受診させたところ、統合失調症と診断され、3ヵ月ほど入院しながら服薬治療を続けました。そろそろ学校にも復帰できる状態にまで回復した頃、直樹に対してどのように接すればいいのか心配した品川先生が養護教諭に相談すると、統合失調症についてクラスで説明会を開いてくれました。今ま

でと変わらずに接すればいいことを知り、一真もほっとしました。それから数日後、直樹が学校に戻ってきました。当初は表情もやや硬くぎこちないところもありましたが、一真たちクラスメイトが今までと変わらずに接する中で、しだいに以前の穏やかな直樹に戻っていきました。その後、薬物療法を続けながら高校に通い、3年生に進級しました。

統合失調症

　統合失調症（Schizophrenia）は2002年までは精神分裂病と呼ばれていた。100人に１人が罹患する病気であり，ほとんどが思春期後半から成人期前半に発症するため高校生にとっても決して特別な病気ではない。統合失調症の症状は陽性症状，陰性症状，解体症状などに分けられる。陽性症状には他人が自分に危害を加えると思い込むなどの妄想，批判的な声が聞こえる幻聴などの幻覚，自分の考えが勝手に人に伝わることを恐れるなどの思考の障害，極端な敏感さや怒りやすさを示す情動コントロールの障害などが含まれ，通常はない症状が出現する。急性期に現れることが多く，直樹が授業中に起こした行動は妄想や幻聴に反応していたと考えられる。陰性症状とは通常ある機能の欠損であり，日常生活ができなくなるほどの意欲喪失，考えの広がりが乏しくなる無理論思考，喜びなどの感情が感じられなくなる快感情消失（アンヘドニア），情緒的な反応がなくなる感情の平板化，ひきこもりなどの非社交性が含まれる。解体症状は，まとまりのない会話や理解不能な奇異な行動などを含んでいる。統合失調症の患者のタイプはさまざまであり，妄想が顕著な妄想型，解体症状が主な解体型，他者から与えられた姿勢を長時間続けるカタレプシーや過度の運動活動性などがみられる緊張型，過去に統合失調症を経験していて軽度の陰性症状や思考障害が残っている残遺型などに分類される。遺伝的要因と心理学的要因の両方が関与していると推測されているが原因はいまだ不明である。しかし，症状には脳内の神経伝達物質が関連していることがわかっており，とくに陽性症状にはドーパミンに作用する抗精神病薬が有効である。入院治療が行われることが多く，薬物療法と並行して心理療法やソーシャルスキルトレーニング（SST：Social Skill Training），家族教育などが行われる。

　現在，地域で生活しながら外来通院によって治療可能である統合失調症の患者が，医療・保健・福祉の基盤が整わないために入院治療を余儀なくされる社会的入院が問題となっている。社会復帰に必要な援助はもちろんのこと，学校に復帰した直樹を今までと変わらずに受け入れた一真たちのように統合失調症への理解が求められる。

●● 友人の彼女が痩せてきた ●●

　高校2年生になったある日の部活からの帰り道です。一真は「なあ，彼女のことで話があるんだけど」と野球部の友人に相談されました。友人の彼女は静代と言い，陸上部に所属していて何事も一生懸命に取り組む女の子です。顔もかわいいので，男子にも人気で一真も密かにいいなと思っていたこともありました。「彼女がちょっと太ったからってダイエット始めたんだけど，なんかハンパないんだよね。夕ごはんはまったく食べないらしいし，お昼も少し食べるだけで。前はよく一緒にファミレスでご飯食べたりしたけど，最近は一緒に食事してくれなくなったし。心配だからもっと食べろよって言っても，まだ太ってるからもっと痩せたいって言うばかりだし。」とのことです。学校の廊下で見かける静代は太っているどころか，少しやせているくらいです。実際160cmで54kgだった体重は2カ月で45kgに減っていました。偏食がさらに進み，脂肪や炭水化物を避けるようになり，体重も40kg近くになり，やせが目立ってきました。しかし，静代はいたって元気で「身体が軽くなって動きがいい。」と話し，学校にはきちんと通い，部活にも元気に参加していました。

　体重が38kgになったところで，いよいよ心配した両親がむりやり内科を受診させました。内科から精神科に紹介されましたが，静代はまったく問題を感じておらず，精神科医が理想の体重を尋ねると「35kg。」と答えました。医学的に低すぎると説明しても効果がなく，通院を拒否しました。

　しかし，しばらくすると今度は，急に食べたい衝動が強くなり過食傾向になりました。体重が増えることへの恐怖は変わらず，指を喉の奥に突っ込み自分で嘔吐するようになっていました。それだけでなく食事の時にフォークや箸が唇にあたらないように食べないと落ち着かないという奇妙な食習慣が出現し，家族とも一緒に食事ができなくなり，本人もそれに悩んでいました。そこで精神科でカウンセリングを受けることにしました。情緒不安定な時期が続き，家族への甘えと反発をくり返し，彼氏にあたることもありましたが，家族や彼氏は静代をサポートし続けました。そして，高校3年生になる頃には落ち着いていき，以前の健康的な静代が戻ってきました。

摂 食 障 害

　摂食障害は拒食のみ，もしくは拒食と過食の両方のパターンをもつ神経性無食欲症（AN：Anorexia Nervosa）と，過食をくり返す神経性大食症（BN：Bulimia Nervosa）に分けられる。DSM-5では神経性無食欲症（神経性やせ症）の診断基準として正常体重の維持の拒否，体重増加への強い恐怖（肥満恐怖），体重および体型に関する自己認識の障害などがあげられている。また，拒食のみをする摂食制限型と過食と自己誘発性嘔吐などによる排出行動を繰り返す過食・排出型に分けられる。神経性大食症（神経性過食症）の診断基準として，過食のくり返し，食べることを抑制できない感覚，体重増加を防ぐための不適切な代償行動，体型および体重によって過度に影響を受ける自己評価などがあげられる。摂食障害の経過は，よくあるダイエットから極端なダイエットに移行し，その後拒食が慢性化したあとに過食へ推移していくことが多い。行動面の問題として，食事中の儀式行動や，自分が調理したものを食べることを家族に強要する強迫的調理がみられ，静代のように非常にやせているにもかかわらず活動性は亢進する。以前は思春期やせ症といわれた通り，発症年齢のピークが10代後半から20代前半と若く，圧倒的に女性に多い。有病率は中高生女子の100人から500人に１人といわれている。病前性格は静代のように周囲の期待を裏切らない優等生が多い。しかし，それは偽りの成熟であり，人生早期に母親との間で心理生物学的欲求に対する適切な応答を十分に体験していないことを基盤とした未成熟さを抱えているため，思春期に親からの分離が迫られると不安定な状態に陥ってしまう。食行動を通して周囲（とくに母親）をコントロールしようとする姿は乳児の時に満たされなかった母親との関係を再現しているようでもある。

　思春期・青年期はほかにも社交不安障害（社交恐怖）や強迫性障害，自傷行為など，さまざまな精神病理が顕在化しやすい時期でもある。また青年期は一時的であれ誰しもが病的な状態を呈し，時には「正常」と「異常」の鑑別さえ困難である（森・清水，1983）。そのため，静代のように高校生の時に何かしら不安定な状態になることは決して珍しいことではないとも考えられる。

【こぼれ話9】 一真のせつない恋〈青年期の恋愛関係〉

　一真は人を笑わせるのが大好きで，クラスでも人気があります。ある日，同学年のクラスが複数のグループに分かれて学園祭の出し物をすることになりました。一真の所属するＣグループは演劇です。一真は持ち前の人を笑わせる能力で，主人公の友人役を演じることに。一真の演技力は群を抜いていました。それを見た隣のクラスの早紀が一真に「ここのシーン，どうしたらいいと思う？」と声をかけてきました。一真は以前から早紀のことが気になっていましたが，照れ隠しにそっけなく「台本通りでいいんじゃない？」と答えました。しかし，早紀は演劇をより良いものに仕上げようと必死です。一真はそんな早紀の姿を見て，しっかりとアドバイスするようになり，また，学園祭の準備で帰りが遅くなると，たまたま帰る方向が同じ早紀を送って行くようになりました。

　ある日，いつものように早紀を送って行く途中，川沿いのベンチで少し話をしていると，不意に早紀が「一真くんって，つきあってる人いるの？」と尋ねてきました。「いないけど，なんで？」一真はドキドキしていました。「いないんだぁ。……あのね，あの……よかったら，私とつきあってくれませんか？　あっ，返事は後でいいから。」「……いいよ」「え？　本当に？」「うん……じゃ，明日。」一真は居ても立ってもいられず，早紀を置いて自転車でその場から立ち去りました。

　学園祭が終わった後も，二人は一緒に下校しました。途中にあるいつものベンチに座り，好きな音楽や家族のこと，大学受験のことなどを話しました。つきあい始めた当初は，互いに自分をよく見せようと，一真は男らしく早紀は女らしくふるまいました。一緒に食事に行くと一真は少ないおこづかいを貯めて早紀にごちそうし，お花見に行くと早紀が一真にお弁当を作ってきました。

　しかし，早紀は自分の容姿にあまり自信がなく，一真が自分のことを本当に好きなのか徐々に不安になってきました。そのため，男女問わず誰とでも仲良くする一真を見て嫉妬し，不機嫌になったり，スマホを見せるように要求したりするようになりました。一方，一真は，早紀の前で男らしくふるまうことに疲れを感じるようになりました。また，男友達との関係も大切に思っているので，たまに時間ができると男友達と遊びに行ってしまうようになりました。

　ある日，早紀は一真を校舎の裏に呼び出しました。「一真くん，別れよう。一緒にいるのが辛くなってきた。」一真は突然の早紀のことばに驚きながらも「俺もそう思ってた。」と強がり，二人は別れました。一真は自分の部屋にこもって泣きました。

〈解説〉　ニューマンとニューマン（Newman & Newman, 1984/1988）によれば，青年前期の恋愛行動（デート行動）は性役割同一性の確立を促進する上で重要な役割を担っているという。もちろん，好きな人と時を過ごすこと自体がメリットでもある。

　しかしながら，恋愛は楽しいことばかりではなく，不安などのネガティブな情動を喚起されることも少なくない。その一因に，これまで述べてきた青年期の発達特性があげられる。たとえば，身体的発達は自意識を高め，恋人からどう見られているかが気になったり，こう見られたいと思ったりするようになる。理想の自己として，容姿やジェンダー役割が重視されるが，理想自己と現実自己はえてして一致しにくく不安を喚起させる。また，形式的操作期にある青年は，価値観のような抽象概念についても思考できるようになるが，まだ柔軟性に欠けるため，自分と異なる相手の価値観を受容しにくかったり，不快に感じたりする。ただし一見マイナスにみえる経験も，青年の発達にはプラスの効果をもたらす。

　青年期の恋愛が結婚にまで進展するケースは比較的少なく，この時期の恋愛には失恋（別れ）がつきものといえる。宮下ら（1991）によれば，失恋も肯定的な心理変化（今までより相手の気持ちや状況を考えられるようになったなど）をもたらすとし，失恋要因や性別によって変化に相違があることを示している（図）。とくに，互いに価値観や関心が合わなかったこと（関心）による失恋は男女ともに，二人の時間より一人の時間の方が大切になったこと（倦怠）による失恋は女性に，物理的に距離が遠くなったこと（距離）による失恋は男性において肯定的心理変化が高くなっている。失恋は，たいがい辛い経験となるが，これも青年の発達においてプラスに変わりうるものと考えられる。

　一真と早紀の破局は，最終的には価値観の違いによるものと考えられる。もう恋なんてしない，などと言わずに，これらの経験を今後に活かしてほしい。

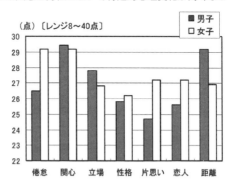

図　失恋要因別の肯定的心理変化
（宮下ら，1991より作成）

Episode

一真の成長と思い出

●● あんなこと，こんなこと，あったでしょう ●●

　今日は土曜日。一行はおもむろに，「よし，アルバムの整理でもしよう！」と言い出しました。一真や美幸が生まれた時の写真やら，家族旅行の写真やらたくさんの写真が雑然とＰＣのファイルに入っている状態です。一行が整理を始めると，椿も隣に座って写真を眺め始めました。

　「いや，懐かしい～！　これ一真のお宮参りの時！　一真が１カ月の時よ。この頃，一真人並みに泣いたなぁ。泣くたびにミルクあげたり，オムツ替えたり，抱っこしたりね。でも，何で泣いてるかわからない時もあってね。」「そうそう，何やっても泣きやまない時あったな。でも，俺も一生懸命かかわってたせいか，一真もよくなついてくれたよ。よく，父親がいても母親がいなくなると

泣くって子どもがいるらしいけど，一真は俺がいれば泣かなかったもんな。」一行は自慢気に写真の整理を続けました。

　いろいろ思い出話をしていると，椿が指差して言いました。「や～だ～，これ，一真が１歳半過ぎくらいで，美幸が４歳半頃の写真。この時，夏だったから，一真がオムツ脱いだあと，そのまま逃げ回って，美幸がオムツはかせようとして追いかけてるところ。」「１歳半過ぎた頃から，一真，オムツにおしっこすると“チッチ出た”って教えられるようになったんだよな。俺がほめると嬉しそうにしてさ。まあ，結局日中のオムツが完全に外せるようになったのは２歳半頃からだけどね。その頃になると，おしっこ失敗してオムツにやっちゃうと，俺たちに隠してたよね。“おしっこしてない”って。この歳でも，恥ずかしいって気持ちになるんだろうな。」「そうだね。子どもにもプライドがあるんだろうね。それに，この頃，2，3歳頃かな。

一真がイヤイヤ期真っ只中で，子育て難し
かったよ。電車に乗っても"イスに座らな
い！"ってきかないし。私が手をつなごうと
したら"手つながない！"って。電車が走り
出したらやっぱり立ってられなくて，床に転
がっちゃって大泣き。それでもイスに座ろう
としないんだもの，やんなっちゃう。人の迷
惑にならないこととすごく危ないことでなければ，やらせてあげていいんだろう
けど。」懐かしそうに椿が言います。

　さらに，一行が別の写真を見つけて話し出しました。「これ，一真の隣に写っ
てる子，幼なじみの周ちゃんだろ？」「そうそう，4，5歳の頃，よく家に遊び
に来てたよね。小学校入学前に引っ越しちゃったけど。毎日のように家に来てレ
ンジャーごっこだのなんだのって遊んでるんだけど，そのうち，どっちかの泣き
声が聞こえてきて，見に行って理由を聞いたら，"僕がレッドやりたいのに，周
ちゃんがレッド取っちゃった"とか，"カズくんが戦ってくれない"とか。みん
なヒーローになりたいんだよね。"二人ともレッドになったら？"って言ったら，
"ママはわかってない！"って怒られちゃった。」「この頃，冗談で一真に"お前
がプロ野球の選手になったら，パパが全部の球場に応援に行ってやるからな"っ
て言ったんだ。そしたら一真"僕，頑張ってみるけど，なれなかったらごめんな
さい"ってさ。子どもって，意外と親の期待にこたえようとするんだよな。それ
からは一真が一真らしく成長してくれりゃいいって思ったね。何か上達してくれ
るのは嬉しいけど，親の期待にこたえることに執着したり，それができなかった
時に罪悪感をもつような子どもにはなってほしくないって。自分でやりたいこと

を見つけられる子になってほしいって思って，
あれやれ，これやれ，それするなって言うのは
最小限にしたよ。まあ結局，俺に似て野球好き
にはなったけどな。」一行も椿も，自分の子育
て方針についてふり返っています。
　一真が小学校5年生のときの写真が出てきま
した。「卒業生を送る会の出し物の写真。大介

くんと純くんと３人でコントやったやつ！　一真の台本で，３人集まってよく家で練習してたなあ。私も観たけど結構面白かったよ。卒業生にもウケたみたいで，一真嬉しそうに話してくれたっけ。」「一真は好きなことは何でも積極的にやるんだよ。でも，"僕は絵が下手だから描かない！"って怒ってた時あったな。」「６年生の時ね。図工で運動会の絵を描いたら，先生に"動きが感じられない。運動会の絵とは思えん。"って言われちゃって。しばらくふてくされて，冬休みの絵日記の宿題も絵だけ描かずに持っていったの。担任の川島先生は事情を知って，何も言わないでくださったけど。」いろいろあった子育てを懐かしく語りあう一行と椿なのでした。

エリクソンの心理社会的発達段階

　エリクソン（Erikson）は，人生を8段階に分け，各段階にその時期にクリアされることが望まれる発達課題と陥りやすい危機を示した（図14-1）。クリアし損ねた課題については，後から遡って取り組むことは可能であるが，過去に未解決の課題があると次の発達課題をクリアすることは困難になる。

　第一段階：乳児期の発達段階は「基本的信頼 vs. 基本的不信」である。乳児は泣きを中心としたシグナルで自分の欲求を伝え，養育者はそれに対応する。乳児の欲求とそれへの養育者の対応がある程度かみ合っていれば，乳児に「自分の欲求に応えてくれるこの世界（他者）は，どうやら信頼できそうだ」，「この世界（他者）に欲求を叶えてもらえる自分は，信頼できる存在だ」という感

老年期								統合性 vs. 絶望
壮年期							世代性 vs. 停滞性	
成人期						親密性 vs. 孤立		
青年期					アイデンティティの確立 vs. アイデンティティの拡散			
児童期				勤勉性 vs. 劣等感				
幼児後期			自発性 vs. 罪悪感					
幼児前期		自律性 vs. 恥・疑惑						
乳児期	基本的信頼 vs. 基本的不信							
〈活力〉	希望	意志力	目標	有能感	忠誠	愛	世話	英知

図14-1　エリクソンの心理社会的発達段階　（Erikson, 1982/1989より作成）

覚が芽生える。これが自他に対して基本的に信頼できるという感覚になり，希望という活力が得られる。逆にかみ合わない経験が多くなると自他に多大な不信感を抱くようになる。基本的信頼をより多く獲得することがこの時期の課題である。

　第二段階：幼児前期の発達課題は「自律性 vs. 恥・疑惑」である。この頃からトイレトレーニングなどの本格的なしつけが始まり，幼児の行動は養育者などによって制御されるようになる。一方で，ことばという伝達手段を獲得したり運動機能が向上した幼児は，その能力を用いてさまざまなことを独力でやりたがるようになる。こうして，この時期，幼児の欲求と養育者の意図は衝突しやすくなる。しつけや身の危険が及ぶことがらの禁止は重要であるが，養育者の都合で子どもの欲求を制御することは避けなければならない。自身のチャレンジに対して成功したら褒められ，失敗したら励まされた経験を多く有する幼児は，自身の意志の力で自己を統制できる自律性を獲得する。逆に，ことごとく欲求を阻止されたり失敗を叱られたりすれば，自己に対する恥や自己の能力への疑惑ばかり抱くようになる。自律性をより多く獲得することがこの時期の課題である。

　第三段階：幼児後期の発達課題は「自主性 vs. 罪悪感」である。この時期は，さらにさまざまな能力が向上し友達とのかかわりがしだいに増すなかで，仲間とのイメージやルールの共有が可能になり，遊びが活発になってくる。また，目標をもって積極的に遊ぶようになる。これが自主性の獲得につながる。しかし，この時期は仲間とのトラブルも多く，そのような場面で保育者や養育者が幼児を一方的に叱ったり遊びを制御したりすると，幼児は罪悪感を抱き，自主的な行動を抑制するようになる。自主性をより多く獲得することがこの時期の課題である。

　第四段階：児童期の発達課題は「勤勉性 vs. 劣等感」である。小学校生活が始まり，これまで以上に児童はさまざまなことがらを学ぶ機会が増える。これまでの段階で，基本的信頼，自律性，自主性をより多く獲得し，希望，意志力，目標を身につけた児童は，勤勉に学ぼうとする。そして，努力が報われたり，

たとえ失敗しても教師や養育者が努力の過程を認めることで，「自分は頑張ればできる」という有能感を抱き，自己をコントロールしながら，より勤勉に物事に取り組めるようになる。しかしながら，学校での活動は結果が明確になりやすく，他者との優劣もつきやすい。そのため，養育者や教師が結果のみに焦点化して叱ったりけなしたりすると，児童は劣等感に苛まれることになる。勤勉性をより多く獲得することがこの時期の課題である。

　第五段階：青年期の発達課題は「アイデンティティの確立（自我同一性の確立）vs. アイデンティティの拡散（自我同一性の拡散）」である。この時期は，第二次性徴の発現に伴い自分に目を向け，「自分」とはどのような人間なのか，自分は他者からどのように思われているのか，自分が思う「自分」を表に出せていないのではないか，などと考えるようになる。

　また，義務教育を終える頃までは自分の未来に対して無限の可能性を抱いているが，徐々に現実世界が見えるようになり，自分の能力に応じた職業に絞っていくようになる。しかし，自分の適性も不明瞭であり，志向にも揺れが生じるこの時期に明確な職業選択は難しく，多くの青年は長い時間をかけて検討し続ける。その検討が許容される期間がモラトリアム（猶予期間）である。認知的能力も身体的能力も十分であるにもかかわらず，本格的に社会的責任を負うことなく，青年は将来の検討に時間をあてることができるのである。この期間で，青年は多くの人と出会い，対人関係を形成し，自分の適性に気づいたり，自分の信念や価値観を見出し，それに従って意思決定していく。こうして確固たる自己を形成し，アイデンティティが確立するのである。

　もちろん，アイデンティティの確立に至る経緯には個人差が大きく，幼い頃からモデルとなる人物がいて，早々に職業（進路）の決定がなされる青年もいる。また，周囲の仲間が将来の選択をしていく中で，なかなか確固たる自己が定まらずに焦燥感を抱きながら右往左往する青年もいる。見えかけていた「自分」を見失う出来事に遭遇し，大きく傷ついて前に進めなくなる青年もいる。あるいは，現実が見えずに（あえて見ない場合もあるが），自己万能感を抱いて非現実的な夢を追い続ける青年もいる。青年期を過ぎてもほとんど「自分」が見

えない（見つからない）状態にあることをアイデンティティの拡散という。

　青年期の発達課題をクリアするには，やはりそれまでの発達課題をクリアしてきていることが鍵になる。世の中や自分に希望を見出し，具体的な目標を定めて努力しながら目標に向かう意志力をもっているか。今一度，これまでの自分をふり返るのもよいだろう。なお，アイデンティティは一度確立しても，また揺らぐこともある。青年期のうちにいったん決着をつけることが肝心である。

　第六段階：成人期の発達課題は「親密性 vs. 孤立」である。この時期は，恋愛関係を経て夫婦関係を結ぶ段階であり，その新しい家族関係の中で“愛”が獲得される。夫婦関係とは互いのアイデンティティを融合させるような親密な対人関係であるため，アイデンティティが確立していないと，他者との融合を恐れて親密な関係形成を避け，うわべだけの関係を形成するようになる。あるいは，親密な関係を築こうとすると自己を見失ったり，相手に翻弄されたりする。いずれも，真に親密な関係性を築くことが困難な状況に陥る。これが孤立ということである。

　第七段階：壮年期の発達課題は「世代性 vs. 停滞性」である。成人期に獲得した愛を子どもに注ぎ，十分に成長させ社会に送り出す時期である。また，自分の子どもだけではなく，職場などで後輩や部下といった次の世代の人材を一人前になるよう育成することも含まれる。それが世話という活力である。自身の時間を犠牲にしなければならない時が往々にしてあるが，得られるものも多い。一方で，家庭や社会で親密な関係を形成できなかった場合，この段階において犠牲を払ってまで援助する相手がおらず，常に自分を中心に考えるようになる。それは一種の退行現象であり，停滞を意味する。

　第八段階：老年期の発達課題は「統合性 vs. 絶望」である。最終段階の老年期では子育ても終わり，社会的な地位からも降りるようになる。これまでの役割はおよそ終焉を迎え，方向転換を余儀なくされる。そして，配偶者と二人の生活に戻るが，配偶者の死を看取ったり，自身の死を受容する心の準備の段階に入る。また，人生をふり返り，良いことも悪いことも含めてすべてを受容し

ていく。これが自我の統合性がとれた状態であり，英知の獲得によってなされる。一方で，これまでの発達課題をうまくクリアできていないと，人生をふり返った時にあれこれ悔やんだり，もう一度やり直すには時間が足りないと絶望に陥ったりしやすい。そして，死に対して過度に恐怖を感じたり，もがいたりする。もちろん，統合性を獲得しても，死への恐怖がまったくなくなるわけではないが，最期のふり返りで自分の人生に対して満足感を抱けることはもっとも幸せなことであると考えられる。

⬤⬤ 一真のひとりごと ⬤⬤

　俺も大学生になった。まだまだ半人前だけど，こう見えて，結構悩みもあったんだよ。

　やっぱり，一番悩んだのは中学から高校にかけてあたりかな。まずは進学のこと。中学から高校ってみんな当たり前のように進学するけど，それっていいのかなって。かといって，これになりたいっていう夢もはっきりしてなくて。小さい頃はプロ野球の選手になりたいとか，そんな夢もあったけど，だんだん現実が見えてくるから，そんなことも言ってられないし。うちの両親はあまり "勉強，勉強" って言わなかったけど，それでも高校に行くのは当たり前って考えてるみたいだったしね。とりあえず，周りが期待する高校に進学してみたよ。もちろん勉強もしたよ，それなりに。

　高校に行ったら，中学の時と同じように友達もたくさんできて，学校生活は楽しかった。でもさ，なんだか "本当の自分って，いったいどんな人間なんだろう" なんて考え始めちゃって……。"今の自分は何かを演じているんじゃないか" とかね。それに，周りの人が自分をすごく見ている気がして，少し息苦しかった。自意識過剰になっちゃったんだ。本当は誰もそんなに俺のこと気にしているわけじゃないのに。親のことばもすべてがうるさく感じられて，イライラして，結構ひどいことも言っちゃったな。俺のこと気にかけて言ってくれてたのに。反省。大学卒業して働けるようになったら，少し恩返ししようと思ってるんだ。

　高校生活もやっぱり野球漬けだったけど，そこで仲間ができたのは良かったな。みんなでバカなことばかりやってたけど，たまには真面目な話もして，そこで自分の悩みが少し解消された気がする。先輩も厳しかったけど，進路の相談に乗ってくれたり，俺にとっては良いモデルになったんだ。

　モデルって言ったら，身近に姉ちゃんがいたから，これもなかなか良かったよ。姉ちゃんは頭も良いし，テキパキなんでもやれて，悔しいけど俺には敵う相手じゃなかった。今でもそうだ。将来の夢も "教師になる" って早々に決めて，しっかりそれに向かって進学したしな。でも，俺のこといつも気にかけてくれて優しい姉ちゃんだ。親父も言ってたように，俺は俺らしく生きる。まだ，将来のことは見えないけど，何でも積極的に取り組んで，自分を成長させていこうと思う。

● ● 父・母から一真へのメッセージ ● ●

一真がここまで大きくなったのは，本当に嬉しいことです。小さい頃は人並み
に泣いたり，わがまま言ったりもしましたが，大きな病気をすることもなく，そ
れだけで親孝行な子だと思っています。

中学あたりからでしょうか。徐々にお父さん，お母さんとの距離が広がった気
がします。お母さんが帰ってくると「ママ～」と抱きついてきた一真はもういな
いのだと思うと寂しくも感じました。でも，一真は大人への階段を上っていたん
ですよね。そう思うと，順調に育ってくれているんだなと頼もしくも感じました。
いつまでもお父さん，お母さんに頼っていては大人になれませんものね。

高校，大学と本当に一真は立派になっていきましたね。一真の姿を見ると，お
父さん，お母さんの子育てもそれほど間違っていなかったのかな？　なんて，
ちょっと胸を張れる気がします。二人目の子どもとはいえ，男の子を育てるのは
はじめてだったので，いろいろ迷うこともありました。"あんなこと言わなけれ
ばよかった"と反省することもたくさんありました。一真を傷つけてしまったり，
追い込んでしまったりしたこともあるでしょう。それでも，一真がこうしてしっ
かり育ってくれて，お父さんもお母さんも，感謝の気持ちでいっぱいです。

これから，大学を卒業して社会に出ると，また大変なことがたくさんあります。
あなたのちょっとしたミスで職場に迷惑をかけてしまったり，あるいは，納得い
かない事態に置かれることもあるでしょう。それでも，それらの困難を乗り越え
ていかなければなりません。そんな時は一真の周りの人たちが支えてくれると思
います。あなたは人に対して温かいので，良い友達がたくさんできるはずです。

友達だけでなく，この人となら一生一緒にいたいと思えるような彼女ができ，
結婚していくかもしれません。そうしたら，お父さんとお母さんのように仲の良
い夫婦になってください。そのためには，お互いに思いやりをもたなければなり
ません。いずれ，一真にもかわいい子どもが生まれるのでしょうね。お父さんお
母さんがあなたを愛したように，あなたも自分の子どもを思いっきり愛してあげ
てください。

子どもが成長し，立派な社会人になり，家庭を巣立ったら，また夫婦二人きり
の生活に戻ります。その時は，以前よりもっとお互いに思いやりをもってくださ
い。そうすれば，最期に自分の人生を"幸せだった"とふり返られるでしょう。

愛する一真へ　お父さんお母さんより

引 用 文 献

〈解　　説〉

Ainsworth, M. D. S., Blehar, M. S., Waters, E., & Wall, S. 1978 *Patterns of attachment : a psychological study of the strange situation*. Hillsdale : Lawrence Erlbaum.

Ainsworth, M. D. S. 1991 Attachment and other affectional bonds across the life cycle. In C. M. Parkes, J. Stevenson-Hinde, & P. Marris (Eds.), *Attachment across the life cycle*, pp. 33-51. London : Routledge.

American Psychiatric Association 2013 *DSM-5 : Diagnostic and Statistical Manual of Mental Disorders,* Fifth Edition　日本精神神経学会監修　髙橋三郎・大野裕監訳　2014　DSM-5　精神疾患の診断・統計マニュアル　医学書院

青木省三　2010　時代が締め出すこころ：精神科外来から見えること　岩波書店

Axline, V. M. 1947 *Play Therapy* Boston : Houghton Mifflin Co.　小林治夫（訳）1959　遊戯療法　岩崎書店

Baron-Cohen, S., Leslie, A. M., & Frith, U. 1985 Does the autistic child have a 'theory of mind'? *Cognition,* **21**, 37-46.

Birch,E.E., Shimojo, S., & Held, R. 1985 Preferential-looking assessment of fusion and stereopsis in infants aged 1-6 months. *Investigative Oohthalmology and Visual Science,* **26**, 366-370.

Bowlby,J. 1969 *Attachment and loss : Vol. 1 Attachment*. New York : Basic Books.　黒田実郎・大羽蓁・岡田洋子・黒田聖一（訳）1995　母子関係の理論：I 愛着行動（三訂版）岩崎学術出版

Bowlby, J. 1973 *Attachment and loss : Vol. 2 Separation*. New York :Basic Books.　黒田実郎・岡田洋子・吉田恒子（訳）1995　母子関係の理論：II 分離不安　岩崎学術出版

Bridges, K. M. B.1932 Emotional development in early infancy. *Child Development,* **3**, 324-341.

Davison, G. C., Neale, J. M., & Kring, A. M. 2004 *Abnormal psychology*. Hobeken, N. J. : John Wiley & Sons, Inc.　下山晴彦（訳）2006　テキスト臨床心理学 4　精神病と物質関連障害　誠信書房

Donaldson, M. 1978 *Children's Mind*. London : Croom Helm Ltd.

英国自閉症協会　The national autistic society http://community.autism.org.uk/

Elliot, G. B., & Elliot, K. A. 1964 Some pathological, radiological and clinical implications of the precocious development of the human ear. *Laryngoscope,* **74**, 1160-1171.

Douvan,E., & Anderson,J.　1966　*The adolescent experience*. New York : John Wiley.

Erikson, E. H. 1982 *The life cycle completed*. New York : W. W. Norton.　村瀬孝雄・近藤邦夫（訳）1989　ライフサイクル，その完結　みすず書房

Fantz, R. L. 1961 The origin of form perception. *Scientific American,* **204**, 66-72.

Fogelman,K. 1976 *Britain's 16 year olds*. London : National Children's Bureau.

福田佳織 2016a 中学生の第二反抗期の現状 ——母親に対する反抗的態度に焦点化して—— 東洋学園大学紀要, 25, 25-36

福田佳織 2016b 第二反抗期が生起しない要因の検討——第二反抗期の経験認識のない大学生の自由記述から—— 日本教育心理学会第58回総会, 660

福田真也 2010 Q & A 大学生のアスペルガー症候群：理解と支援を進めるためのガイドブック 明石書店

Gibson, E. J. & Walk, R. D. 1960 The "visual cliff". *Scientific American.*

Gil, E. 1991 *Healing power of play : working with abused children*. New York : Guilford Press. 西澤哲 (訳) 1997 虐待を受けた子どものプレイセラピー 誠信書房

Goldberg, S. 1977 Social competence in infancy : a model of parent-infant interaction. *Merrill-Palmer Quarterly*, **23**, 163-177.

Hall, G. S. 1904 *Adolescence : its psychology and its relations to psychology, anthropology, sociology, sex, crime, religion and education.* Vol. Ⅱ. New York : D. Appleton and Company. 中島力造・元良勇次郎・速水滉・青木宗太郎 (訳) 1915 青年期の研究 同文館

濱治世 2001 感情心理学への招待 サイエンス社

繁多進 1987 愛着の発達；親と子の結びつき 大日本図書

長谷川眞人 2009 地域小規模児童養護施設の現状と課題 福村出版

Helfer, M. E., Kempe, R. S., & Krugma, R. D. 1968 *The battered child* Chicago : The University of Chicago Press. 坂井聖二 (監訳) 2003 虐待された子ども：ザ・バタード・チャイルド 明石書店

Herman, J. L. 1992 *Trauma and recovery* New York : Basic Books, Inc. 中井久夫 (訳) 1996 心的外傷と回復 みすず書房

Hollingworth, L. S. 1928 *The psychology of the adolescent.* New York : D. Appleton and Company.

本城秀次・水野里恵・阿喰みよ子・永田雅子・五藤弓枝・幸順子・西出隆紀 1994 子どもの気質と母親の育児不安 日本教育心理学会第36回総会発表論文集, **11**

Hildebrandt, K. A. & Fitzgerald, H. E. 1979 Adults' perceptions of infant sex and cuteness, *Sex Roles*, **5**, 471-481.

井上幸子・荻野理恵・片山裕子・戸田みな子 1998 「阪神・淡路大震災」避難所における集団遊戯療法の意義 心理臨床学研究 **16**（2） 167-173

Itard, J. G. *De l'education d'un homme sauvage ou des premiers développements physiques et moraux du jeune sauvage de l'Aveyron* 中野善達・松田清 (訳) 1978 新訳アヴェロンの野生児：ヴィクトールの発達と教育 福村出版

伊藤研一 1999 心理臨床の海図 八千代出版

Johanson, B., Wedenberg, E., & Westin, B. 1964 Measurement of tone response by the human fetus. *Acta Otlaryngol*, **57**, 188-192.

Kolk, V., McFarlane, A. C., & Weisaeth, L.（Eds.）1996 *Traumatic stress : the effect of overwhelming experience on mind, body, and society*. New York : Guilford Press.　西澤哲（訳）　2001　トラウマティック・ストレス：PTSD およびトラウマ反応の臨床と研究のすべて　誠信書房

厚生労働省　2015　児童虐待の状況等

厚生労働省子ども家庭局家庭福祉課　2017　児童虐待防止について

厚生労働省　2022　令和3年度児童相談所での児童虐待対応件数＜速報値＞

子安増生　1997　子どもが心を理解するとき　金子書房

子安増生　2008　子どもは「心の理解」をどう発達させていくのか　第2回子どもの徳育に関する懇談会（文部科学省）配布資料

窪内節子・吉武光世　2003　やさしく学べる心理療法の基礎　培風館

Levy, T. M. & Orlans, M. 1998 *Attachment, trauma, and healing understanding and treating attachment disorder in children and families*.　藤岡孝志・ATH 研究会（訳）2005　愛着障害と修復的愛着療法：児童虐待への対応　ミネルヴァ書房

Lewin, K. 1951 *Field theory in social science ; selected theoretical papers*. New York : Harper & Row.　猪股佐登留（訳）　1979　社会科学における場の理論　増補版　誠信書房

Lorenz, K. 1965 *Über tierisches und menschliches Verhalten*. München/Zürich : Neuausgabe　丘直通・日高敏隆（訳）　1989　動物行動学2　思索社

Main M., Kaplan, N., & Cassidy, J.　1985　Security in infancy, childhood, and adulthood: A move to the level of representation. In I. Bretherton & E. Waters（Eds.）, Growing points of attachment theory and research. *Monographs of the Society for Research in Child Development*, **50**（1-2, Serial No. 209）, 66-104.

Main, M. & Solomon, J. 1990 Procedures for identifying infants as disorganized/disoriented during the Ainsworth Strange Situation. In M. Greenbrg, D. Cicchetti and E. Cummings（Eds.）, *Attachment in the preschool years : theory, research, and intervention*. Chicago : University of Chicago Press.

牧真吉　2000　心身症児の心理療法　安香宏・村瀬孝雄・東山紘久（編）　臨床心理学大系（20）　子どもの心理臨床　pp.241-251　金子書房

正高信男　1993　0歳児がことばを獲得するとき 行動学からのアプローチ　中央公論社

Matsui, T., Miura, Y., & Suenaga, F. 2007 A new "helping" task demonstrates children's implicit understanding of false belief. *Society for Research in Child Development*, Boston, USA.

Meltzoff, A. N. & Moore, M. K. 1977 Imitation of facial and manual gestures by human neonates. *Science*, **198**, 75-78.

水野里恵　1998　乳幼児の子どもの気質・母親の分離不安と後の育児ストレスとの関連：第

一子を対象にした乳幼児期の縦断研究 発達心理学研究，**9**，56-65

文部科学省 2012 通常学級に在籍する発達障害の可能性のある特別な教育的支援を必要とする児童生徒に関する調査結果について

文部科学省 2021 令和2年度 児童生徒の問題行動・不登校等生徒指導上の諸課題に関する調査結果の概要

森省二・清水将之 1983 青年期の身体・行動病像について 清水将之・村上靖彦 成年の精神病理3 pp.159-181 弘文堂

両角伊都子・角間陽子・草野篤子 2000 乳幼児をもつ母親の育児不安に関わる諸要因：子ども虐待をも視野に入れて 信州大学教育学部紀要，**99**，87-98

文部科学省 2017 平成28年度「児童生徒の問題行動・不登校等生徒指導上の諸課題に関する調査」〈速報値〉

中村真 2010 感情と発達 大平英樹編 感情心理学入門 pp.124-149 有斐閣

中澤潤 2010 幼児における情動制御の社会的要因と文化要因 千葉大学教育学部研究紀要，**58**，37-42

根ヶ山光一 1997 子どもの顔におけるかわいらしさの縦断的発達変化に関する研究 人間科学研究，**10**（1），61-68

西海ひとみ・喜多淳子 2004 第1子早期における母親の心理的ストレス反応（第1報）：育児ストレス要因との関連による母親の心理的ストレス反応の特徴 母性衛生，**45**，188-198

西澤哲 1999 トラウマの臨床心理学 金剛出版

野村俊明・奥村雄介・青島多津子 1999 躁状態で非行を重ねた少女の一例：双極性気分障害と少年非行の関連について 犯罪学雑誌，**65**（2），61-65

野村俊明・奥村雄介・西松能子・遠藤俊吉 2000 双極性障害と少年非行の関係についての研究 犯罪学雑誌，**66**（1），21-29

落合良行・佐藤有耕 1996 青年期における友達とのつきあい方の発達的変化 教育心理学研究，**44**，55-65

小川博久 2005 21世紀の保育原理 pp.52-68 同文書院

荻野美佐子，小林晴美 1999 語彙獲得の初期発達 桐谷滋編 ことばの獲得 pp.94-116 ミネルヴァ書房

岡田尊司 2009 アスペルガー症候群 幻冬舎

岡田努 2016 青年期の友人関係における現代性とは何か 発達心理学研究，**27**（4），346-356

岡田努 2011 自己愛と現代青年の友人関係．小塩真司・川崎直樹（編著），自己愛の心理学：概念・測定・パーソナリティ・対人関係（pp.184-200）金子書房.

小此木啓吾・深津千賀子・大野裕 1998 心の臨床家のための必携精神医学ハンドブック 創元社

奥山真紀子 1997 被虐待児の治療とケア 臨床精神医学，**26**（1），19-26

Parten, M. B. 1932 Social participation among pre-school children. *The Journal of Abnormal and Social Psychology*, **27**（3）, 243-469

Perner, J. & Wimmer, H. 1985 "John thinks that Mary thinks that…"attribute of second-order beliefs by 5-to 10-year-old children. *Journal of Experimental Child Psychology*, **39**, 437-471

Perner, J., Frith, U., Leslie, A. M., & Leekam, S. R. 1989 Exploration of the autistic child's theory of mind : knowledge, belief and communication. *Child Development*, **60**, 689-700.

Piaget, J. 1936 *La naissance de l'intelligence chez l'enfant.* Paris : Delachaux et Niestlé.　谷村覚・浜田寿美男（訳）　1978　知能の誕生　ミネルヴァ書房

Piaget, J. 1947 *La Psychologie de lintelligence.*　波多野完治・滝沢武久（訳）　1989　知能の心理学　みすず書房

Piaget, J. & Inhelder, B. 1956 *The child's conception of space.* London : Routledge & Kegan Paul.

Premack, D. & Woodruff, G. 1978 Does chimpanzee have a 'theory of mind'? *Behavioral and Brain Sciences*, **4**, 515-526

Saarni, C. 1999 *The development of emotional competence.* New York : Guilford Press.

齊藤誠一　1995　自分の身体・性とのつき合い　落合良行・楠見孝（編）　講座生涯発達心理学第4巻　自己への問い直し：青年期　pp.23-56　金子書房

Sameroff, A. J. & Emde, R. N. 1989 *Relationship disturbances in early childhood : a developmental approach.* New York : Basic Books.　小此木啓吾（監修）　2013　臨床的症候群および関係性の阻害とそのアセスメント　早期関係性障害　岩崎学術出版社

佐々木正美　2007　アスペルガー症候群・高機能自閉症のすべてがわかる本　講談社

佐藤千穂子　2004　家族への心理的サポート　そだちの科学2　子ども虐待へのケアと支援　日本評論社, 78-83

千住淳　2014　自閉症スペクトラムとは何か―ひとの「関わり」の謎に挑む　ちくま新書

社会保障審議会児童部会児童虐待等要保護事例の検証に関する専門委員会　2022　子ども虐待による死亡事例等の検証結果等について（第18次報告）

Shayer, M. & Wylam, H. 1978 The distribution of Piagetian stages of thinking in British middle and secondary school children : 2. *British Journal of Educational Psychology*, **48**, 62-70

Shirley, M. M. 1931 The first two years : a study of twenty-five babies. Vol. 1. *Postural and locomotor development.* Minneapolis, MN : University of Minnesota Press.

Singh, J. A. L. 1942 The wolf-children of Midnapore, Harper & Brothers.　中野善達・清水知子（訳）　1977　狼に育てられた子：カマラとアマラの養育日記　福村出版

滝川一廣　2003　「精神発達」とはなにか　そだちの科学1　自閉症とともに生きる　日本評論社, 2-9

滝川一廣　2006　子どもが育つということ　季刊児童養護, **37**（2）, 4-5

田中康雄　2008　軽度発達障害：繋がりあって生きる　金剛出版

Tanner, J. M. 1978 *Foetus into man : physical growth from conception to maturity*. London : Open Book.　熊谷公明（訳）　1983　小児発育学：胎児から成熟まで　日本医事出版社

Thomas, A., & Chess, S. 1977 *Temperament and development*. New York : Brunner Mazel

友田明美　2006　いやされない傷：児童虐待と傷ついていく脳　診断と治療社

東京都福祉保健局　2005　児童虐待の実態Ⅱ：輝かせよう子どもの未来，育てよう地域のネットワーク

Walker-Andrews, A. S. 1986 Intermodel perception of expressive behaviors : relation of eye and voice? *Developmental Psychology*, **22**, 373-377

Wimmer, H. & Perner, J. 1983 Beliefs about beliefs : representation and constraining function of wrong beliefs in young children's understanding of deception. *Cognition*, **13**, 103-128.

Winnicott, D. W. 1971 *Playing and reality*　London : Tavistock Publications Ltd.　橋本雅雄（訳）1979　遊ぶことと現実　岩崎学術出版

〈こぼれ話〉

厚生労働省子ども家庭局家庭福祉課　2022　社会的養育の推進に向けて

改訂・保育士養成講座編纂委員会　2002　改訂4版・保育士養成講座（8）養護原理　全国社会福祉協議会

柏木恵子　1988　幼児期における「自己」の発達：行動の自己制御機能を中心に　東京大学出版会

松井豊　1990　友人関係の機能　斉藤耕二・菊池章夫（編）　社会化の心理学／ハンドブック　pp. 283-296　川島書店

宮下一博・臼井永和・内藤みゆき 1991 失恋経験が青年に及ぼす影響　千葉大学教育学部研究紀要，**39**，117-126

宮下一博　1995　青年期の同世代関係　落合良行・楠見孝（編）　自己への問い直し：青年期　講座生涯発達心理学4巻　pp. 155-184　金子書房

Newman, B. M. & Newman, P. R. 1984 *Development through life : a psychosocial approach* 3rd ed. Homewood, Ill : Dorsey Press.　福富護（訳）1988　新版　生涯発達心理学　川島書店

落合良行・佐藤有耕　1996　青年期における友達とのつきあい方の発達的変化　教育心理学研究，**44**，55-65

Piaget, J. 1970 Piaget's theory. P. H. Mussen（Ed.）. *Carmichael's manual of child psychology : Vol. 1*. 3rd ed. New York : John Wiley & Sons.　中垣啓（訳）　2007　ピアジェに学ぶ認知発達の科学　北大路書房

事 項 索 引

人 名 索 引

著 者 紹 介

福田　佳織（ふくだ　かおり）

〔担当箇所〕編者，Episode 1，2（2-1，2-3，2-4）4，5，8，9，12，14
　　　　　　こぼれ話 1，3，4，8，9

東洋学園大学　人間科学部　教授
東京学芸大学大学院連合学校教育学研究科博士課程修了　博士（教育学）
専攻：発達心理学
主著：『ようこそ！青年心理学　若者たちは何処から来て何処へ行くのか』（ナカニシヤ出
　　　版，2009年，分担執筆）
　　　『父親の心理学』（北大路書房，2011年，分担執筆）
　　　『家族と仕事の心理学―子どもの育ちとワーク・ライフ・バランス―』（風間書房，
　　　2018年，分担執筆）
　　　『人間の発達とアタッチメント　逆境的環境における出生から成人までの30年にわた
　　　るミネソタ長期研究』（誠信書房，2022年，分担翻訳）

塩谷　隼平（しおや　しゅんぺい）

〔担当箇所〕Episode 7，10，11，13，こぼれ話 7

東洋学園大学　人間科学部　教授
東京都立大学大学院人文科学研究科心理学専攻博士課程単位取得退学　心理学修士　公認
心理師　臨床心理士
専攻：臨床心理学
主著：『こころを見つめるワークブック―カウンセリングを知り，コミュニケーション力を
　　　磨く』（培風館，2010年，共著）
　　　『集団精神療法の実践事例30　グループ臨床の多様な展開』（創元社，2017年，分担
　　　執筆）
　　　『公認心理師・臨床心理士のための福祉心理学入門』（北大路書房，2021年，共著）

田甫　綾野（たんぽ　あやの）

〔担当箇所〕Episode 2（2-2，2-5），3，6，こぼれ話 2，5，6

玉川大学　教育学部　教授
日本女子大学大学院人間生活学研究科満期退学　博士（学術）
専攻：幼児教育学，保育学
主著：『保育学講座 4　保育者を生きる』（東京大学出版会，2016年，分担執筆）
　　　『保育原理（新しい保育講座）』（ミネルヴァ書房，2018年，分担執筆）

【第3版】笑って子育て
——物語でみる発達心理学

2012年5月25日　初版第1刷発行
2020年3月25日　改訂版第1刷発行
2023年2月10日　第3版第1刷発行

編著者　福田　佳織

発行者　木村　慎也

定価はカバーに表示　　印刷／製本　モリモト印刷株式会社

発行所　株式会社　北樹出版

URL : http://www.hokuju.jp

〒153-0061　東京都目黒区中目黒1-2-6

電話(03)3715-1525(代表)　FAX(03)5720-1488